500 Hidden Secrets

PRAG

BRUCKMANN

EINLEITUNG

Dieses Buch ist ein Leitfaden für alle Leser, die in Prag Neues und Unerwartetes entdecken möchten. Das Erlebnisspektrum reicht von den besten Frühstücks- oder Brunch-Locations bis zu entspannten Streifzügen auf ungeahnten Seitenwegen, mit süßen Sünden für Leib und Seele, tollen Kaffeebars und kulturell spannenden Orten als geistige Nahrung. Entdecken Sie verborgene Winkel in der City mit ihrer großen Vergangenheit und erkunden Sie auch die Stadtviertel, wo die Prager von heute leben, arbeiten und ihrem Freizeitspaß nachgehen.

Die 500 hier vorgestellten Tipps wurden von der Autorin Vendula Havlikova recherchiert, die während ihres Journalistik-Studiums Prag von Grund auf kennengelernt hat. Die Empfehlungen laden ein zu einer persönlichen Begegnung mit der Stadt und ihren Menschen. Egal ob man nur ein Wochenende bleibt oder sich als Expat hier aufhält, das Buch spricht alle Arten von Reisenden an, also auch in Prag lebende Dauergäste. Hier finden Sie Tipps, wie Sie mit knappem Budget das Maximum herausholen können, aber auch Impulse, wie Sie das Stadtleben genießen, wenn Ihrer Fantasie keine Grenzen gesetzt sind.

Es wurde bewusst darauf verzichtet, alles Sehenswerte und jede Aktivität dieser pulsierenden Stadt aufzulisten; denn alles zu machen, wäre schier unmöglich. Vielmehr versteht sich das Buch als eine Sammlung von Tipps aufgrund persönlicher Erfahrungen, und wir hoffen, dass Sie darin Vergnügliches und Überraschendes für sich selbst entdecken. Die Autorin teilt ihre Lieblingsorte mit den Lesern wie mit guten Freunden, die Prag besuchen wollen.

ÜBER DAS BUCH

Dieser Reiseführer listet 500 wissenswerte Tipps zu Prag in 100 verschiedenen Kategorien auf. Bei den meisten handelt es sich um Orte, deren Besuch sich lohnt, dazu kommen praktische Informationen, die Ihnen helfen sollen, sich zurechtzufinden und die Stadt und ihre Bewohner besser kennenzulernen. Dieses Buch soll inspirieren, nicht aber die ganze Stadt von A bis Z erfassen.

Zu jedem Eintrag sind eine Nummer, die Adresse sowie der jeweilige Stadtbezirk (z. B. Altstadt, Neustadt oder Kleinseite) angegeben, damit Sie die Orte auf den Karten am Anfang des Buches finden. Suchen Sie nach der Karte des entsprechenden Stadtteils und dann nach der farbigen Nummer. Wichtiger Hinweis: Diese Karten sind nicht besonders detailliert und können nur einen groben Überblick geben. Einen genaueren Stadtplan erhalten Sie bei jeder Touristeninformation oder im Hotel. Oder geben Sie die Adresse einfach in Ihr Smartphone ein.

Bitte denken Sie auch daran, dass eine Großstadt wie Prag sich ständig verändert, dass der hochgelobte Chefkoch vielleicht ausgerechnet bei Ihrem Besuch einen schlechten Tag hat. Oder dass ein in diesem Buch ausgezeichnet bewertetes Hotel inzwischen unter neuem Management vielleicht seine Qualität einbüßt. Außerdem ist die hier vorgestellte Auswahl eine sehr persönliche, mit der Sie nicht immer übereinstimmen werden. Wenn Sie einen Kommentar hinterlassen, eine Bar empfehlen oder Ihren Lieblingsort verraten wollen, besuchen Sie bitte www.the500hiddensecrets.com – hier finden Sie auch Tipps und Neuigkeiten zu dieser Buchreihe – oder folgen Sie @500hiddensecrets auf Instagram.

DIE AUTORIN

Vendula Havlikova verbrachte die spannendsten Jahre ihrer Jugendzeit in Prag, wo sie auf ihr Journalismus-Diplom hinarbeitete. An Wochenenden erkundete sie die Stadt rauf und runter, mit der Kamera in der Hand, und entdeckte alles, was Prag zu bieten hatte. Auf ihren Streifzügen nahm sie nichts als selbstverständlich hin und behielt stets etwas Distanz, um unvoreingenommen zu bleiben. So wurde Prag zu ihrer zweiten Heimat. Noch immer besucht sie die Stadt gern, wenn sie wieder mal »Urlaub auf Balkonien« macht, wie sie es nennt. Dabei entdeckt sie Prag immer wieder aufs Neue. Neben ihrem Fulltimejob im Europäischen Parlament strebt Vendula auch eine Karriere als Schriftstellerin und freie Journalistin an, um Beiträge für diverse Onlinemagazine mit Schwerpunkt Lifestyle, Reise und Politik zu schreiben.

Die Autorin ist davon überzeugt, dass diese Stadt rundherum attraktiv ist, ob nun für einen Kurztrip oder auch für ein ganzes Leben. Sie hofft, dass Traveller und Neuankömmlinge das Beste aus dem urbanen Erleben machen, dass sie ihre Selfie-Sticks wegwerfen, sich auf die Prinzipien von Slow Travel besinnen und dabei lernen, dass mentale Bilder und empfindsame Momente Erinnerungen beständiger machen.

Vendula möchte sich bei Tomas Wehle, Filip Havlik und Jiři Ryba für ihre enthusiastische Mitwirkung an diesem Projekt bedanken sowie bei all ihren Freunden, die bereit waren, ihre Geheimtipps mit ihr zu teilen.

PRAG
Übersicht

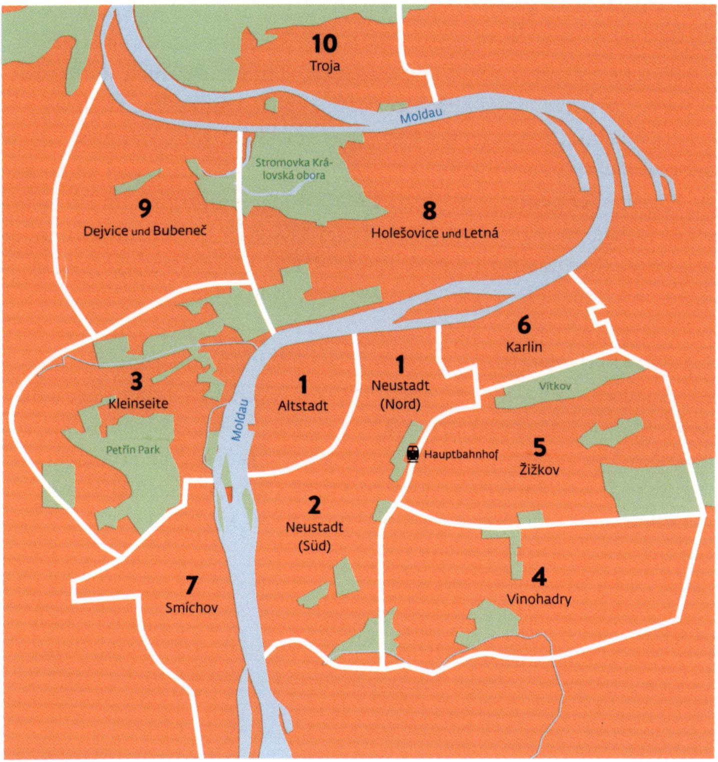

Karte 1

ALTSTADT *und* NEUSTADT (NORD)

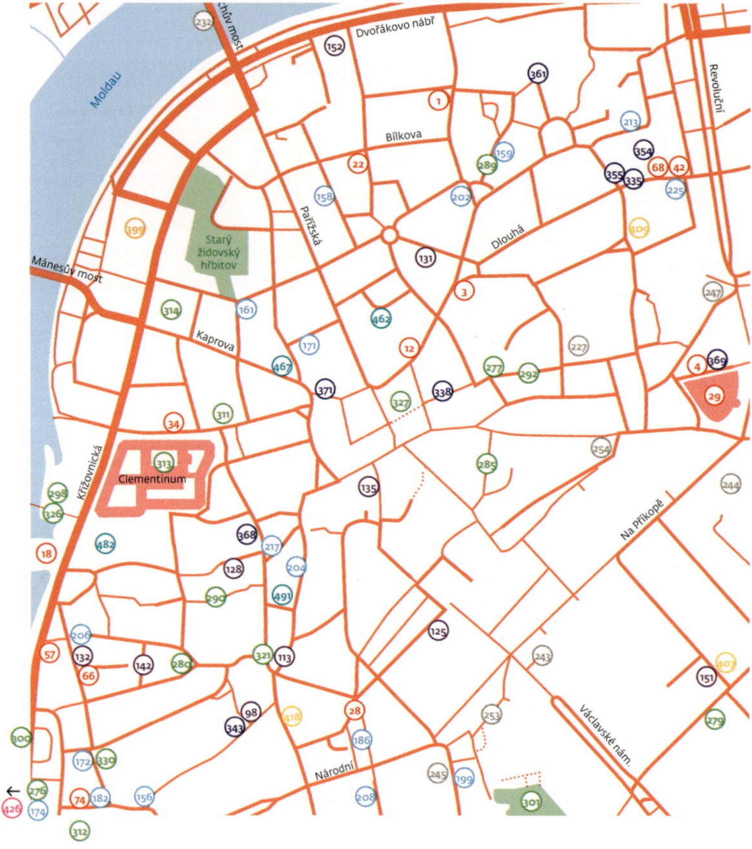

ESSEN – TRINKEN – SHOPPEN – GEBÄUDE – ENTDECKEN – KULTUR – KINDER – SCHLAFEN – WOCHENENDE – QUERBEET

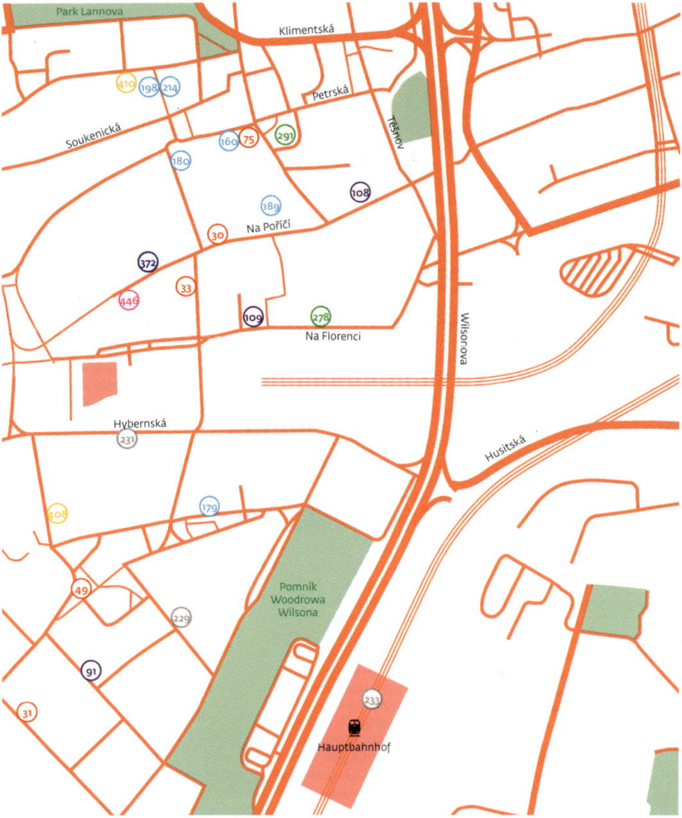

ESSEN – TRINKEN – SHOPPEN – GEBÄUDE – ENTDECKEN – KULTUR – KINDER – SCHLAFEN – WOCHENENDE – QUERBEET

Karte 2

NEUSTADT (SÜD)

ESSEN – TRINKEN – SHOPPEN – GEBÄUDE – ENTDECKEN – KULTUR – KINDER – SCHLAFEN – WOCHENENDE – QUERBEET

Karte 3

KLEINSEITE

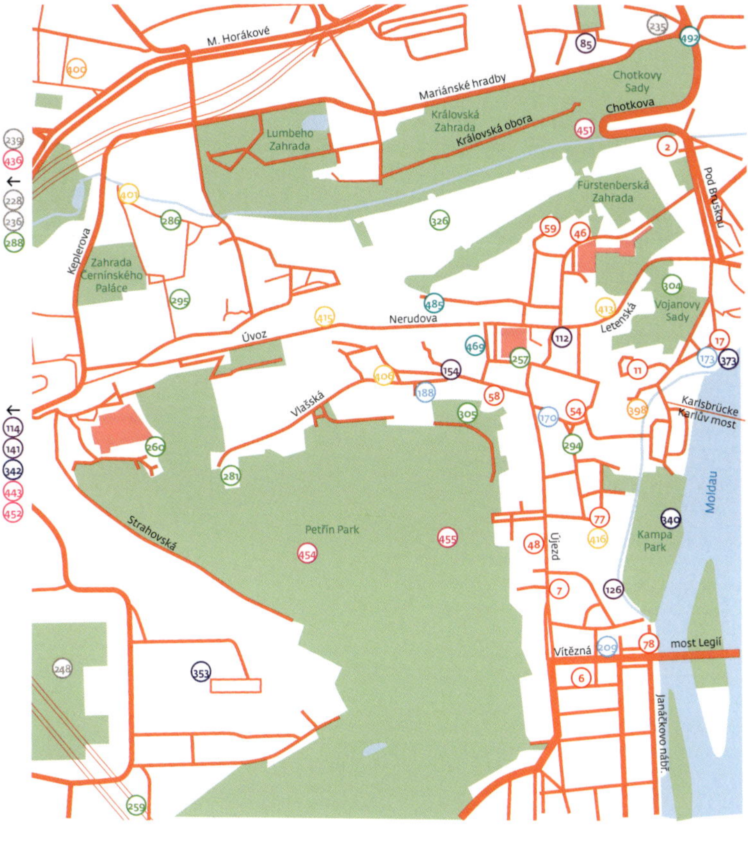

ESSEN – TRINKEN – SHOPPEN – GEBÄUDE – ENTDECKEN – KULTUR – KINDER – SCHLAFEN – WOCHENENDE – QUERBEET

Karte 4
VINOHRADY

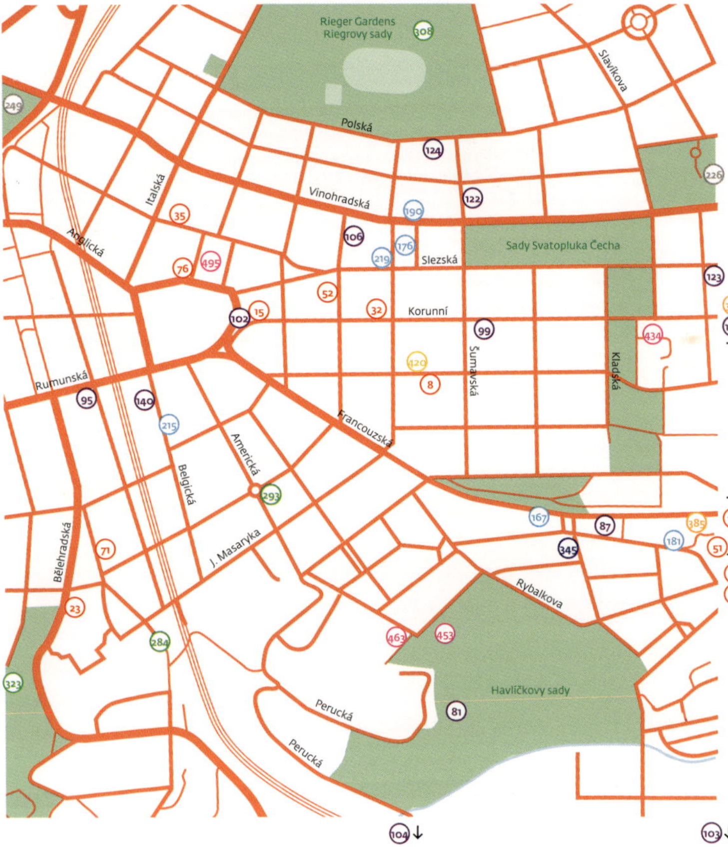

ESSEN – TRINKEN – SHOPPEN – GEBÄUDE – ENTDECKEN – KULTUR – KINDER – SCHLAFEN – WOCHENENDE – QUERBEET

Karte 5

ŽIŽKOV

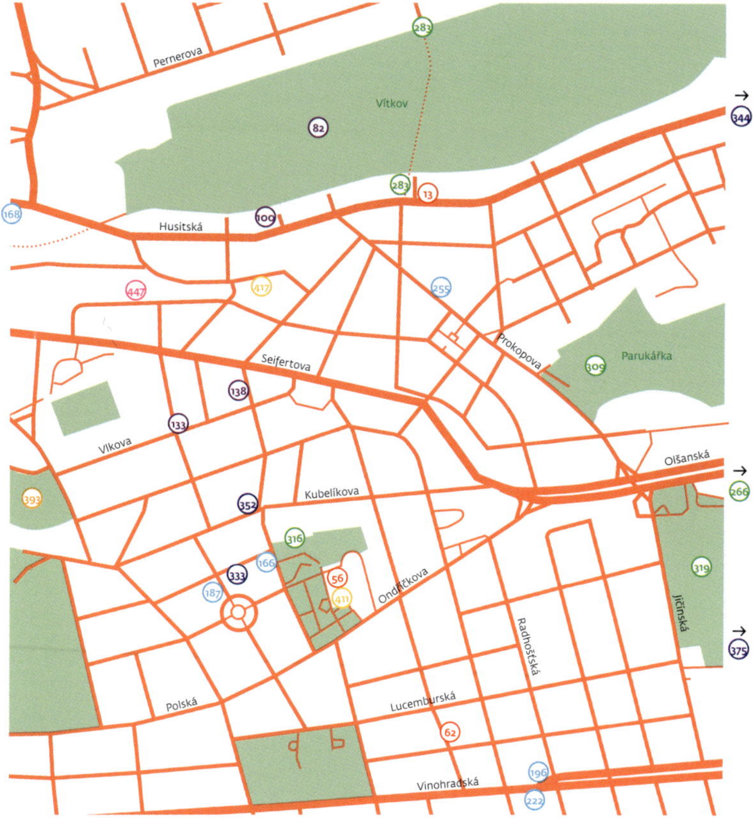

ESSEN – TRINKEN – SHOPPEN – GEBÄUDE – ENTDECKEN – KULTUR – KINDER – SCHLAFEN – WOCHENENDE – QUERBEET

Karte 6

KARLÍN

ESSEN – TRINKEN – SHOPPEN – GEBÄUDE – ENTDECKEN – KULTUR – KINDER – SCHLAFEN – WOCHENENDE – QUERBEET

Karte 7

SMÍCHOV

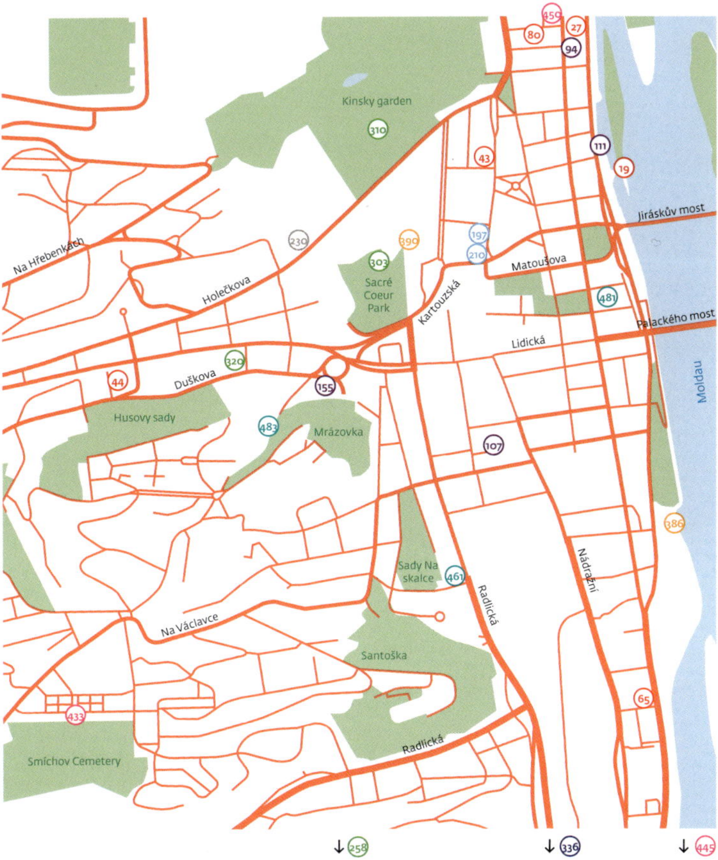

ESSEN – TRINKEN – SHOPPEN – GEBÄUDE – ENTDECKEN – KULTUR – KINDER – SCHLAFEN – WOCHENENDE – QUERBEET

Karte 8
HOLEŠOVICE
und LETNÁ

ESSEN – TRINKEN – SHOPPEN – GEBÄUDE – ENTDECKEN – KULTUR – KINDER – SCHLAFEN – WOCHENENDE – QUERBEET

ESSEN – TRINKEN – SHOPPEN – GEBÄUDE – ENTDECKEN – KULTUR – KINDER – SCHLAFEN – WOCHENENDE – QUERBEET

Karte 9

DEJVICE *und* BUBENEČ

ESSEN – TRINKEN – SHOPPEN – GEBÄUDE – ENTDECKEN – KULTUR – KINDER – SCHLAFEN – WOCHENENDE – QUERBEET

Karte 10

TROJA

ESSEN – TRINKEN – SHOPPEN – GEBÄUDE – ENTDECKEN – KULTUR – KINDER – SCHLAFEN – WOCHENENDE – QUERBEET

80 GUTE LOKALE UND LEBENS-MITTELLÄDEN

5 der EDELSTEN RESTAURANTS

1 **FIELD**
U Milosrdných 12
Altstadt ①
+420 222 316 999
fieldrestaurant.cz

Für seine tollen Kreationen schickt der Michelin-Sternekoch Radek Kašpárek seine Crew zum Sammeln von Pflanzen und Kräutern in den Wald. Genießen Sie mit Moos garnierte Gerichte und Getränke mit Raucharomen aus Tannen- und Kiefernzapfen. Zwischen den Gängen lassen sich an der grandios illuminierten Decke Wald- und Wiesentiere erspähen.

2 **VILLA RICHTER**
Staré zámecké schody 6
Kleinseite ③
+420 702 205 108
villarichter.cz

Das Piano Nobile in der Villa Richter am Fuß des Burgbergs ist ideal für spezielle Anlässe. Reservieren Sie einen Tisch im Wintergarten (im Sommer weht hier eine schöne Brise) mit Blick über die Dächer von Prag und den Weingarten des heiligen Wenzel. Der Landespatron Böhmens soll hier mit selbst gesäten Traubenkernen den tschechischen Weinbau begründet haben.

3 **KALINA**

Dlouhá 12
Altstadt ①
+420 222 317 715
kalinarestaurant.cz

Elegantes Restaurant mit barocker Gewölbedecke und nobler Speisekarte. Egal, was hier serviert wird – von Weinbergschnecken bis hin zu gegrilltem Kalbbries –, die engagierte Kochkunst des Küchenchefs und die Weinempfehlungen des Sommeliers sind umwerfend! Die Mittagskarte wechselt täglich. Abends bietet sich das Degustationsmenü an.

4 **SARAH BERNHARDT RESTAURANT**

U Obecního domu 1
Altstadt ①
+420 222 195 900
hotel-paris.cz

Das exquisite Jugenstil-Interieur – mit blauem Glasmosaik, original erhaltener Beleuchtung, Intarsienvertäfelung und vergoldetem Stuck – würde dem Glamour der berühmten französischen Schauspielerin, nach der dieses Restaurant benannt wurde, sehr gerecht werden. Serviert wird tschechische und französische Küche. Im Mucha-Menü ist der Eintritt für das gleichnamige Museum enthalten.

5 **SALABKA**

K Bohnicím 2
Troja ⑩
+420 778 019 002
salabka.cz

Das Stadtviertel Troja nahe dem Botanischen Garten verströmt Urlaubsfeeling pur. Hier bietet das Edelrestaurant Salabka Genuss inmitten der Reben. Streifen Sie bei herrlichen Ausblicken auf Prag auf dem Weingut herum. An Wochenenden wird ein saisonales Degustationsmenü mit eigenen Weinen angeboten. Unbedingt reservieren!

Die 5 besten Adressen für

FRÜHSTÜCK UND BRUNCH

6 **CAFÉ LOUNGE**
Plaská 8
Kleinseite ③
+420 257 404 020
cafe-lounge.cz

Seit Jahren wird hier der beste Kaffee kredenzt, aber auch der Brunch in diesem eleganten Lokal ist außergewöhnlich. Die Hinterhofterrasse grenzt an die mittelalterliche Hungermauer, die Karl II. bauen ließ, um die notleidende Bevölkerung in Lohn und Brot zu halten. Unbedingt reservieren!

7 **BISTRO 34**
Újezd 34
Kleinseite ③
+420 775 779 548
bistro37.cz

Dieses mit Wildenten und anderem Federvieh dekorierte Bistro (der Inhaber ist leidenschaftlicher Jäger) lockt von 7 bis 14 Uhr mit einem englischen Frühstück bzw. Pancakes. Am besten früh hingehen, ehe die Hotelgäste von oben eintrudeln.

8 **MONOLOK CAFÉ**
Moravská 18
Vinohrady ④
+420 739 018 195
monolok.cz

Das schlanke Design steht in Kontrast zum opulenten Brunch. Hier kann man sich an Croque Madames oder fluffigen Pancakes sattessen und das Ganze noch mit gutem Kaffee abrunden. Wenn die Innenhofterrasse von den ersten Sonnenstrahlen geküsst wird, ist es hier zauberhaft. Tisch reservieren ist ein Muss.

9 CAFÉ JEN

Kodaňská 37
Vršovice ④
+420 604 329 904
cafejen.cz

Im grünen, nostalgischen Vršovice lockt dieses lauschige Souterrain-Café in einem neugotischen Gebäude. Starten Sie stilvoll in den Tag mit einem reichen Frühstück inklusive Sekt mit Orangensaft. Für den Wochenend-Brunch besser reservieren (statt länger zu warten!).

10 TWENTY7

Přístavní 27
Holešovice ⑧
+420 605 444 528
twenty7.cz

Zwar kann diese Gegend morgens ein wenig verschlafen sein, in Phills Bistro aber steht längst schon alles bereit: ein komplettes englisches Frühstück, Huevos Rancheros oder Bananen-Pancakes – zum Genuss auf der Terrasse oder drinnen, wo man ein schönes Schwarz-Weiß-Design bestaunen kann.

6 CAFÉ LOUNGE

5 *Orte, wo man wie ein* EINHEIMISCHER ISST

11 **LOKÁL U BÍLÉ KUŽELKY**
Míšeňská 12
Kleinseite ③
+420 257 212 014
lokal-ubilekuzelky.ambi.cz

Wie wär's mit Rindertatar auf Knoblauchtoast oder fetter *talián* (Wurst aus Rind und Schwein) mit Meerrettich? Zum Hinunterspülen dann noch ein schön geschäumtes Pilsener vom Fass! Für ein *mlíko* – flüssiges Dessert mit reichlich Sahne, süßem Schaum und einem Schuss Bier – sollte aber noch Platz sein. Hier sind alle tschechischen Klassiker vereint.

12 **MINCOVNA**
Staroměstské náměstí 7
Altstadt ①
+420 727 955 669
restauracemincovna.cz

Das einzige Restaurant am Altstädter Ring, das keine Touristenfalle ist; deshalb kann es hier mittags immer sehr voll werden. Egal ob Gulasch (jedes Mal unglaublich lecker!), Lendensteak oder Ente, hier kann man nichts Verkehrtes bestellen. Die klare, moderne Innenausstattung mit Wanddeko erinnert an die ehemalige Münzstätte.

13 **U SLOVANSKÉ LÍPY**
Tachovské náměstí 6
Žižkov ⑤
+420 734 743 094
uslovanskelipy.cz

»Wie ein Einheimischer essen« bedeutet »viel essen«. Wem aber ein Kilo Schweinshaxe mit Kruste zu viel ist, der gönne sich einen Snack zum Bier wie etwa *hermelin* (marinierter Käse) oder *gothaj* (mild gebeizte Salami) und teste eines der zehn Fassbiere!

14 **U KROKA**
Vladislavova 12
Vyšehrad ②
+420 775 905 022
ukroka.cz

Hier in Vyšehrad entspann sich die Legende des Grafen Krok und seiner drei Töchter. Die Einheimischen kommen wegen des ausgezeichneten Pilseners und des günstigen Mittagessens, abends hingegen geht es hier sehr international zu. Auf der Speisekarte (in fünf Sprachen) stehen größtenteils traditionelle tschechische Gerichte.

15 **VINOHRADSKÝ PARLAMENT**
Korunní 1
Vinohrady ④
+420 224 250 403
vinohradskyparlament.cz

Trotz der vier großen Gasträume ist es hier anscheinend immer rappelvoll. Die Kombination aus modernem Interieur und traditioneller Küche hatte sofort Erfolg. Die Mittagskarte variiert je nach Saison. Mittwochs ist Schweinebratentag (nur abends).

Die 5 schönsten Lokale

AM FLUSS

16 **MATYLDA**
Masarykovo nábřeží
Neustadt ②
+420 724 800 100
botelmatylda.cz

Ja, die italienische Speisekarte hier ist wirklich beeindruckend, aber schon allein das prachtvolle Salonschiff ist ein Fest fürs Auge, ebenso der Blick auf die Burg. Die Auswahl an frischem Fisch und Meeresfrüchten und das Wasser ringsherum werden Sie schnell glauben lassen, dass Prag eine Küste hat!

17 **HERGETOVA CIHELNA**
Cihelná 2b
Kleinseite ③
+420 296 826 103
kampagroup.com/en/restaurants/hergetova-cihelna

Ein stilvolles Restaurant mit überwältigendem Blick auf die Karlsbrücke. Der Gastraum kommt einem riesig vor – ein Eindruck, der sich durch die vielen Wandspiegel noch verstärkt; trotzdem bleibt das Ambiente intim. Ideal für ein Tête-à-Tête nach einem romantischen Spaziergang auf der Moldauinsel Kampa.

18 **MLÝNEC**
Novotného lávka 9
Altstadt ①
+420 277 000 777
mlynec.cz

Chefkoch Marek Šáda hält stets Ausschau nach vergessenen böhmischen Spezialitäten. Sein Degustationsmenü verbindet elegante Küche mit regionalen Zutaten. Hier an der Moldau werden tolle Brunches aufgebaut. Reservieren Sie einen Tisch ganz hinten links.

19 **MANÚ RISTO & LOUNGE**
Dětský ostrov 25
Smíchov ⑦
+420 725 161 616
manuristo.cz

Seit seinem ersten Auftritt im tschechischen Fernsehen 2012 ist Emanuele Ride ein kulinarischer Promi. In seinem Ristorante auf einem kleinen Eiland am linken Moldauufer werden mediterrane Küche und italienische Weine serviert. Im Sommer wird die Lounge durch eine Open-Air-Bar vergrößert.

20 **PODOLKA**
Podolské nábřeží - Přístav 1
Podolí ②
+420 774 115 166
podoli.restaurace
podolka.cz

Über den Parkplatz des Jachtklubs geht es direkt in einen modernen Holzbau hinein. Dahinter befindet sich die größte Bucht an der Moldau – ein perfekter Liegeplatz für Motor- und Segelboote. Die Speisekarte ist halb vegetarisch, was in Prag eher selten ist. Nach dem Essen bietet sich ein Verdauungsspaziergang am Hafen an.

16 MATYLDA

Die 5 besten
BÄCKEREIEN

21 **BÄCKEREI KAMENICKÁ**
Kamenická 47
Bubeneč ⑧
+420 233 381 078
pekarstvi.cz

Die kleine Familienbäckerei an der Straßenecke beliefert seit Jahrzehnten das tschechische Parlament. Klopfen Sie doch nach Ihrem nächtlichen Kneipenbummel ans Fenster oder an die Nebentür! Vielleicht erhalten Sie dann ein paar Brötchen frisch aus dem Ofen.

22 **MANSSON'S BAKERY & CAFÉ**
Bílkova 6
Altstadt ①
+420 222 310 620
mansson-bakery.com

Seit 1999 versorgt dieser tschechisch-dänische Familienbetrieb schicke Hotels und Restaurants, und zwar so erfolgreich, dass nach fünfjährigem Bestehen dieses Café hinzukam. Wählen Sie zwischen Roggenbrot (100 Prozent), italienischem Weißbrot mit Olivenöl und Sarah-Bernhardt-Schokokuchen – ebenso göttlich wie die berühmte Diva.

23 **BÄCKEREI PRAKTIKA**
Bělehradská 66
Vinohrady ④
pekarnapraktika.cz

Hier wird Brot mit voller Hingabe an ländlich-traditionelle Handwerkskunst gebacken. Zur Auswahl stehen fünf Brotsorten: mit Dinkel, Roggen, Buchweizen, Mais oder Polenta. Spielen Sie selbst Jury.

24 **ESKA**

Pernerova 49
Karlín ⑥
+420 731 140 884
eska.ambi.cz

Eska hat nur zwei Brotsorten: 33 und 66. Der Unterschied liegt im Roggenmehlanteil des Drei-Stufen-Sauerteigs. Der italienische Eichenholzofen sorgt für die beeindruckend knusprige Kruste. Bevor Sie überteuert einkaufen, probieren Sie doch zuerst einmal eine Scheibe Brot mit hausgemachtem Aufstrich.

25 **BÄCKEREI ANTONÍNOVO**

Moskevská 38
Vršovice ④
+420 733 593 925
antoninovopekarstvi.cz

Das Licht geht hier schon lange vor Tagesanbruch an, damit das Brot und die knusprigen Brötchen in der Früh gleich fertig sind. Bei den süßen Duftschwaden läuft einem im Nu das Wasser im Mund zusammen. Erfreulicherweise betreibt die Bäckerei ein Café, das zu dem Brot auch Suppen und zum Gebäck Kaffee serviert.

5 außergewöhnliche
TRADITIONSCAFÉS

26 **CAFÉ LOUVRE**
Národní 22
Neustadt②
+420 224 930 949
cafelouvre.cz

Gehen Sie über den mittleren Eingang an der belebten Národní (Nationalstraße) zwei Treppen hinauf und sehen Sie selbst, wie wenig sich seit der Zeit um 1900 geändert hat, als Franz Kafka oder Albert Einstein hier »angenehme und erholsame Momente« zu verbringen pflegten. Ab 8 Uhr bis Mitternacht geöffnet.

27 **CAFÉ SAVOY**
Vítězná 5
Smíchov ⑦
+420 257 311 562
cafesavoy.ambi.cz

Frühstück und Mittagessen im Zeichen der prachtvollen europäischen Tradition. Nach Übergabe an einen erfolgreichen Gastronomiekonzern ist das Café sogar noch vollendeter. Die Stuckdecke im Stil der Neorenaissance (Weltkulturerbe!) ist ein Augenschmaus. Gönnen Sie sich Kuchen aus der hauseigenen Patisserie oder ein Gläschen Wein inmitten des Trubels.

28 **CAFÉ PLATÝZ**
Národní 37
Altstadt ①
+420 224 211 161
cafeplatyz.cz

Das elegante Café mit seiner Mischung aus sachlichem und floralem Dekor liegt in einem Atrium gleichen Namens versteckt. Es wurde von einem berühmten Filmarchitekten im Stil der Ersten Tschechischen Republik ausgestaltet.

27 CAFÉ SAVOY

29 **KAVÁRNA OBECNÍ DŮM**
IM GEMEINDEHAUS
Náměstí republiky 5
Altstadt ①
+420 222 002 763
kavarnaod.cz

Hereinspaziert, aber machen Sie sich auf einen Wow-Effekt gefasst! Die Stuckarbeit, die holzvertäfelten Bänke sowie der Springbrunnen ganz hinten sind 100 Jahre alt und original erhalten. Die Kronleuchter allerdings sind Repliken, bis auf einen (den Ober nach dem Original fragen!). In der Beletage wurde 1918 die Unabhängigkeit der Tschechoslowakei erklärt. Man erinnert sich gerne daran.

30 **CAFÉ IMPERIAL**
Na Poříčí 15
Neustadt ①
+420 246 011 440
cafeimperial.cz

Ein edles Restaurant im aufwendigem Art-déco-Stil mit Keramikfliesen und Brokatvorhängen. Der kreative Chefkoch ist Zdeněk Pohlreich, das tschechische Pendant zu TV-Koch Tim Mälzer. Man darf also einen Topservice und einwandfreies Essen erwarten. Auch die hausgemachten Kuchen schmecken vorzüglich. Die Mittagskarte ist preisgünstig.

27 CAFÉ SAVOY

5 Restaurants für
FLEISCHLIEBHABER

31 **KANTÝNA**
Politických vězňů 5
Neustadt ①
kantyna.ambi.cz

Marmor und Fresken in einer Metzgerei oder einer »Kantine«? – Ziemlich ungewöhnlich. Das Kantýna aber kombiniert beides sehr effektvoll. Bestellungen – ob Steak, Bratenstück oder Rindertatar – kritzelt der Ober auf Ihren kleinen Bestellblock. Preis je nach Gewicht.

32 **BRIXTON BALLS**
Korunní 23
Vinohrady ④
+420 776 602 306
brixtonballs.cz

Dieses winzige Bistro serviert ein breites Angebot an entwaffnend leckeren (auch fleischlosen) Frikadellen. Eine weitere Erfolgsstory von jemandem, der seiner Leidenschaft nachging: Einer der beiden Inhaber ist Tim Simenon, ein Musikproduzent u.a. für David Bowie und Björk, der auf Burger umgestiegen ist.

33 **LA BOTTEGA LINKA**
Havlíčkova 13
Neustadt ①
+420 222 314 961
bottegalinka.cz

Dieses elegante Speiselokal ist gleichzeitig ein italienisches Feinkostgeschäft. Hier ist man stolz auf den X-Ofen, eine italienische Erfindung zum Garen von Fisch und zartem Fleisch auf Holzkohle. Es ist verdientermaßen zum Kult geworden. Um auf Nummer sicher zu gehen, sollten Sie einen Tisch reservieren.

34 **LA FINESTRA IN CUCINA**
Platnéřská 13
Altstadt ①
+420 222 325 325
lafinestra.cz

Dieses gemütliche Backsteinlokal mit offener Küche, wo man Chefkoch Tomáš Juřík bei der Arbeit zuschauen kann, wird seit jeher über den grünen Klee gelobt. Die Speisekarte strotzt nur so von frischen, echt italienischen Leckerbissen. Außerdem gibt es hier angeblich das größte Weinsortiment in ganz Prag.

35 **DISH**
Římská 29
Vinohrady ④
+420 222 511 032
dish.cz

Ein ausgezeichnetes Burger-Bistro, das sagenhafte Klassiker-Varianten auftischt, so etwa mährischem Stinke(!)käse und mit Portwein karamellisierte Zwiebel oder köstliches Low & Slow-Lamm aus dem Ofen. Essen Sie unbedingt die Knoblauchfritten mit Petersilie dazu!

35 DISH

5 TSCHECHISCHE SPEZIALITÄTEN,

die man probieren sollte

36 **SMAŽENÝ SÝR**
SMADSCHENI SIR

Gebackener Edamer oder Hermelin (marinierter Käse) ist oft die einzige vegetarische Option auf einer tschechischen Speisekarte. Bitte aber innerhalb von ca. 5 Minuten essen, bevor sich ein gummiartiger, kalter Käseklumpen bildet.

37 **NAKLÁDANÝ HERMELÍN**
NAKLADANI HERMELIN

Zu diesem marinierten Möchtegern-Camembert gehört immer ein Bier. Aufgeschnitten und mit Knoblauch, Kräutern oder Nüssen mariniert, hält er einige Tage (manchmal Wochen) und entwickelt dabei noch stärkere Aromen. Man kann diesen legendären Käse ganz oder gar nicht mögen, mindestens einen Versuch aber ist er wert.

38 **SVÍČKOVÁ**
SWITSCHKOVA

Ein köstliches Lendensteak mit sämiger Gemüsesoße, das es über den Großen Teich bis nach Chicago geschafft hat (als »Seelennahrung« für tschechische Expats). Raffen Sie sich also zu einem kurzen Ausflug außerhalb Prags auf. Im Na Pekárně in Čakovičky bekommen Sie das beste *svíčková* überhaupt.

39 **DRŠŤKOVÁ POLÉVKA**
DRSCHKOVA POLEVKA

Nach landläufiger Meinung soll diese Kuttelsuppe gegen Kater helfen. Die Zubereitung auf tschechische Art (mit Paprika, Zwiebeln und Knoblauch) verleiht ihr ein markant würziges Aroma. Ja, sie schmeckt so lecker, dass man gar nicht darüber nachdenken will, dass sie aus Kuhdarm gemacht wird.

40 **CHLEBÍČEK**
KLEBITSCHEK

Ein berühmtes Partybrötchen, das kürzlich sein 100. Jubiläum gefeiert hat. Als schnelles Häppchen konzipiert, besteht es aus einem Weißbrotscheibchen mit viel Mayonnaise und darauf eine Scheibe Käse, Schinken, Ei und Essiggurke. In einem Feinkostladen oder während der Pause im Nationaltheater zu einem Gläschen Sekt probieren!

40 CHLEBÍČEK

Die 5 besten Lokale
FÜRS KLEINE PORTEMONNAIE

41 **POLÉVKÁRNA**
Sokolovská 97
Karlín ⑥
+420 608 074 414

»Alles, was du brauchst, ist Suppe«, so wird jede Oma aus Tschechien – oder Georgien – behaupten. Im Polévkárna haben die Traditionen beider Länder eine gesunde Speisekarte hervorgebracht, die je nach Saison wechselt. Wirklich unvergesslich ist das unterschiedlich gefüllte georgische Käsebrot Chatschapuri.

42 **SISTERS**
Dlouhá 39
Altstadt ①
+420 775 991 975
chlebicky-praha.cz

»Zeit für ein kleines Häppchen ...«, sagte Winnie the Pooh und ging zu den Sisters, um ein belegtes Brötchen zu essen. Hier finden Sie ein Chlebíček 4.0 – eine raffinierte Neuauflage des traditionellen tschechischen Schnittchens in gesünderen, vegetarischen und (nach Belieben) glutenfreien Abwandlungen.

43 **KORUNKA U ARBESA**
Zubatého 2
Smíchov ⑦
+420 257 312 679

Öffnet um 7 Uhr früh, damit Arbeiter mit einer herzhaften Kuttelsuppe und Bier in den Tag starten können. In diesem bodenständigen Lokal isst man nur im Stehen und ohne Schnickschnack. Blutwurst mit Kraut oder Dillsoße und Knödel probieren!

44 **HOMELESS COOKS**
IM JÍDELNA KUCHAŘEK BEZ DOMOVA
Brožíkova 6
Smíchov ⑦
+420 721 251 872

Die vegane Kantine ist ein soziales Unternehmen, in dem Frauen beschäftigt werden, die obdachlos sind oder waren. Nach mehrjähriger Catering- und Foodtruck-Erfahrung ist ihr Traum von einem eigenen Bistro wahr geworden. Eine fantastische Kombination aus gesundem, günstigem und sozialverträglichem Mittagessen.

45 **LAHOODKY**
Komunardů 26
Holešovice ⑧
+420 605 324 914
lahoodky.cz

Angesichts von globalisiertem Fast Food wollte Filip Mičan die tschechische Tradition wiederbeleben. Dieser Feinkostladen bestand schon seit Jahrzehnten, verdiente jedoch eine kleine Auffrischung. Mit offener Backsteinwand und dazu ein paar schwarzen Fliesen war die Sache geritzt. Keine Sorge – zapfen Sie sich Ihr Lobeč oder Kofola ruhig selbst!

44 HOMELESS COOKS IM JÍDELNA KUCHAŘEK BEZ DOMOVA

5 Restaurants für ein ROMANTISCHES ABENDESSEN

46 **PALAIS PÁLFFY**
Valdštejnská 14
Kleinseite ③
+420 257 530 522
palffy.cz

In einem der Shabby-Chic-Gebäudeflügel dieses Barockpalais aus dem 18. Jahrhundert werden Sie eine Musikakademie finden. Das Restaurant aber ist ganz anders. Bei extravagantem Kerzenschein-Ambiente mit Wandspiegeln wird tschechische und französische Küche serviert. Das Drei-Gänge-Mittagsmenü ist ein Schnäppchen, und noch dazu schmeckt es hier auch richtig gut.

47 **CHATEAU LETNÁ**
Letenské sady 341
Holešovice ⑧
+420 233 378 208
letenskyzamecek.cz

Die Romantiker Prags speisen seit mindestens 120 Jahren auf diesem Hügel, seit es die Villa im italienischen Stil gibt. Spielen Sie Boule oder schauen Sie sich das älteste Karussell Europas an und essen Sie ein Würstchen auf der Wirtsterrasse. Für ein besonderes Tête-à-Tête reservieren Sie am besten einen Tisch im Türmchen. Den Sonnenuntergang nicht verpassen!

48 LUKA LU

Újezd 33
Kleinseite ③
+420 257 212 388
lukalu.cz

Das Restaurant wird von Familie Djorem betrieben, die ursprünglich aus Sarajevo stammt, und es hat absolut authentisches Balkan-Flair. Es ist fast so, als ob man in eine kleine Gasse in Dubrovnik eintaucht, mit zerbrochenen Fenstern und skurrilen Straßenlaternen. Gutes aus der Meeresfrüchteküche!

49 ZVONICE

Jindřišská věž
Neustadt ①
+420 224 220 009
restaurantzvonice.cz

Ein Restaurant im siebten Stock eines gotischen Glockenturms mit Blick über die Dächer der Neustadt. Beim Gaumenschmaus sollten Sie nicht vergessen, die offen liegenden Holzbalken und die Marienglocke aus dem Jahr 1518 zu betrachten.

50 PIKNIK PARK

Nosticova 8
Kleinseite ③
+420 601 164 711
piknikpark.cz

Diese authentisch italienische Enoteca hat eine beheizte Terrasse und liegt im Prager »Klein Venedig« (an einem Nebenarm der Moldau). Die offene Küche schmeißt ein tschechisch-italienisches Kochteam. Die romantische Abendstimmung wird durch professionelle Livemusik verstärkt, die hier täglich spielt.

Die 5 besten Lokale für ein
GESUNDES MITTAGESSEN

51 **JINÁ KRAJINA**
Kodaňská 5
Vršovice ④
+420 271 742 541
kodanska.jinakrajina.cz

Ein Restaurant, das hauptsächlich vegetarische Gerichte aus frischen Zutaten serviert. Die Mittagskarte enthält normalerweise immer eine vegetarische Option. Die Preise hier sind erschwinglicher als im Zentrum von Prag.

52 **MEZI SRNKY**
Sázavská 19
Vinohrady ④
+420 732 238 833

»Unter den Hirschen«, so heißt das Café wörtlich übersetzt – ein Wortspiel der Inhaber, die gern mit Naturdeko experimentieren. Ein trendiger Treffpunkt in lässigem Lounge-Ambiente. Das Personal hat einen guten Musikgeschmack und spricht gut Englisch. Toller Brunch und ausgezeichneter Kaffee!

53 **COBRA BAR**
Milady Horákové 8
Holešovice ⑧
+420 778 470 515
barcobra.cz

Nur der Wandputz mit Patina verweist noch auf die frühere, schummrige Rave-Bar – da gab es noch keine asiatisch inspirierte Mittagskarte, keine deftigen vegetarischen Suppen oder eine DJ Lounge (abends). Erfreulicherweise hatte eine Freundesclique den weiten Weg in die City satt, um so etwas zu erleben, und eröffnete in Holešovice die Cobra Bar.

54 CUKRKÁVALIMONÁDA

54 **CUKRKÁVALIMONÁDA**
Lázeňská 7
Kleinseite ③
+420 257 225 396
cukrkavalimonada.com

Probieren Sie unter 400 Jahre alten Holzbalken einen der Salate und füllen Sie danach mit hausgemachten Pralinen Ihr Kalorienkonto auf. Das Lokal zieht internationales Publikum aus den umliegenden Botschaften an sowie Studenten der Angloamerikanischen Universität (täglich Frühstück und Mittagessen).

55 **BISTRO À TABLE!**
Mařákova 10
Dejvice ⑨
+420 211 152 619

Ein kleines französisches Bistro nahe der Metrostation Hradčanská, geführt von Jean-Charles Berger, dem es perfekt gelungen ist, hier echtes Pariser Flair zu schaffen. Die breite Kopfsteinpflasterstraße und die grünen Bäume halfen ihm dabei. Ausgezeichnete französische Weine!

5 *Restaurants mit*
HERRLICHER AUSSICHT

56 **OBLACA**
Mahlerovy sady 1
Žižkov ⑤
+420 210 320 086
towerpark.cz

Lust auf ein Essen in den Wolken? Im Fernsehturm mit den krabbelnden Riesenbabys des Künstlers David Černý speist man in 66 Meter Höhe. Hier gibt es eine gute Auswahl an Fleischgerichten und auch schicke saisonale Menüs (u. a. Kalbfleisch mit Erdbeeren).

57 **BELLEVUE**
Smetanovo nábřeží 18
Altstadt ①
+420 222 221 443
bellevuerestaurant.cz

Dieses prachtvolle Eckhaus am Wasser verdankt seinen Namen dem atemberaubenden Blick auf die Moldau und die Burg. Chefkoch Marek Šáda überrascht seine Gäste gern mit eigenwillig interpretierter tschechischer Küche, darunter gegrilltes Reh mit gebratenem Sellerie, Maronen und Kraut. Ausgezeichneter Fisch und Meeresfrüchte.

58 **CODA**
Tržiště 9
Kleinseite ③
+420 225 334 761
codarestaurant.cz

Auf dieser unglaublichen Dachterrasse mit 360-Grad-Blick lockt David Šašek mit einem tschechischen Degustationsmenü, u. a. mit *Jihočeská kulajda* – einer traditionellen Kartoffel-Pilz-Suppe mit Schmand. Das Fleisch wird größtenteils vakuumgegart.

59 **TERASA U ZLATÉ STUDNĚ**
IM HOTEL GOLDEN WELL
U Zlaté studně 4
Kleinseite ③
+420 257 533 322
terasauzlatestudne.cz

Ohne Frage der beste Ausblick auf die Dächer der Kleinseite und die Palastgärten unterhalb der Prager Burg. Noch dazu wird hier ein preiswertes 2-Gänge-Mittagsmenü serviert (nur 31 €). Auch Barack und Michelle Obama haben hier schon gespeist. Im obersten Stock des Hotels Golden Well gelegen.

60 **BASTION PRAGUE**
Horská 4
Neustadt ②
+420 736 114 124
bastion-prague.cz

Das Burgrestaurant mit Blick über das Nusle-Tal und auf die Festung Vyšehrad ist ein echtes Juwel. Die Köche zaubern tolle Degustationsmenüs (3 bis 7 Gänge) mit perfekt abgestimmten, edlen Weinen. Der umliegende moderne Park ist auch eine Open-Air-Galerie.

59 TERASA U ZLATÉ STUDNĚ

Die 5 schönsten

MODERNEN BISTROS

61 **BISTRO 8**
Veverkova 8
Holešovice ⑧
+420 730 511 973
bistro8.cz

Um diese Straße wird seit der Eröffnung des Bistro 8 ein Hype gemacht. Testen Sie dort mal die international inspirierte Mittagskarte oder bestellen Sie einen Kaffee mit einem milchfreien Snack – aus Datteln, Mandeln und einer Prise Himalaya-Salz.

62 **MARTIN'S BISTRO**
Velehradská 4
Vinohadry ⑤
+420 774 100 378

In dieser lässigen Kneipe ist jeder willkommen, Kind und Kegel sozusagen. Die Gerichte auf der Speisekarte hat Martin sorgfältig zusammengestellt und mit passenden französischen Weinen kombiniert. Eine großzügige Auswahl von Spirituosen und Cocktails erinnert an sein vorheriges Leben als Barkeeper.

63 **KRYSTAL BISTRO**
Sokolovská 99
Karlín ⑥
+420 222 318 152
krystal-bistro.cz

Der erfahrene Koch Petr Tyrichtr (vor sechs Jahren aus einer berühmten Gastrokette ausgestiegen) will mit seinem Bistro das Flair Pariser Lokale der 1930er-Jahre fortleben lassen. Schauen Sie mit einem *Matuška* (Craftbier) in der Küche vorbei und erleben Sie ihn live ...

64 **BISTRO MILADA**

Šmeralova 22
Bubeneč ⑧
+420 222 520 419

Authentischer geht's nicht! Echt französisch, mehr als alle Bistros in Prag. Gönnen Sie sich ein 3-Gänge-Menü voller Aromen und Farben der Saison. Wenn Sie Lust haben, den Teller abzulecken, nur zu! – Sie werden auf umso mehr Gegenliebe stoßen, denn das Essen hier ist ohnegleichen. Für die hausgemachten Marshmallows sollte aber noch Platz bleiben (die kommen nämlich mit der Rechnung!).

65 **WINE FOOD MARKET**

Strakonická 1
Smíchov ⑦
+420 733 338 650
winemarket.cz

Die kürzeste Tramfahrt nach Italien überhaupt! Hinein geht's zunächst über die Pasticceria. Erkunden Sie den Blumenstand, das Fischangebot und die Pasta-Bar, ehe Sie an einem der langen Tische in der Mitte der belebten Halle Platz nehmen.

Die 5 besten

VEGETARISCHEN RESTAURANTS

66 **LEHKÁ HLAVA**
Boršov 2
Altstadt ①
+420 222 220 665
lehkahlava.cz

Die Suche nach dem Restaurant (in einem Innenhof) könnte mühsam sein, doch zahlt sie sich aus. Für den fantastisch gegrillten Ziegenkäse mit Walnüssen, Spinat und Kartoffelgratin werden Sie gern jedes Steak der Welt eintauschen. Weit im Voraus reservieren, und zwar einen Tisch »unter den Sternen«!

67 **MLSNÁ KAVKA**
Sokolovská 29
Karlín ⑥
+420 777 913 054
mlsnakavka.cz

Das vegane Bistro, eine soziale Kooperative, bietet Obdachlosen und entlassenen Häftlingen einen Neustart. Die internationale Speisekarte enthält auch tschechische Klassiker, allerdings wird für Svíčková (Lendenbraten auf Rahm) Robi als Fleischersatz verwendet. Mittagsmenü für nur 5 Euro; und zum Hinunterspülen ein Chříčer Bier!

68 **MYRAW CAFÉ**
Gourmet Pasáž,
Dlouhá 39
Altstadt ①
+420 603 889 016
myraw.cz

Wer überzeugter Roh-Veganer ist, muss sich nur Augen und Nase zuhalten, um über die Gourmetpassage zu diesem Café zu gelangen. Dort warten als Belohnung ein gesundes Mittagessen, köstliche Teilchen und Kaffee mit Nussmilch.

69 ETNOSVĚT

Legerova 40
Neustadt ②
+420 226 203 880
etnosvet.cz

In diesem pulsierenden Bistro bereitet ein internationales Team unter einem französischen Chefkoch verschiedenste Gerichte aus aller Welt zu. Es erwarten Sie vegane Pizzas, Gurkentatar oder ein ganzes Degustationsmenü – alles wunderschön angerichtet! Im Sommer lockt ein schöner Garten.

70 ESTRELLA

Opatovická 17
Neustadt ②
+420 777 431 344
estrellarestaurant.cz

Moderne vegetarische Küche, die den neuesten internationalen Trends und der tschechischen Tradition folgt – serviert im Parterre, hinter grünen Fensterläden. Raffiniert, originell und preiswert. Das freundliche Personal sorgt dafür, dass sich die Gäste hier wohl fühlen.

66 LEHKÁ HLAVA

Die 5 besten

ASIATISCHEN RESTAURANTS

71 **MADAME LYN RESTAURANT**
Šafaříkova 18
Vinohrady ④
+420 606 307 777
madamelynrestaurant.cz

Dieser Familienbetrieb zollt der tschechisch-vietnamesischen Freundschaft Respekt. Es hat ein schlichtes Interieur, die fernöstliche Extravaganz beginnt bei der Speisekarte: herrliche Bun cha (Reisnudeln mit Fleisch; auch kombiniert), verschiedene Suppen, Spieße mit Meeresfrüchten und obendrein noch französischen Wein – alles zu fairen Preisen.

72 **BAHN-MI-BA**
Jankovcova 8
Holešovice ⑧
+420 731 056 185
bahnmiba.cz

Die Baguettes à la Vietnam (Bahn Mi) erinnern an die französische Kolonialzeit. Aber schon der erste Bissen (gekrönt von Zitronengras und frischem Koriander) lässt die unschöne Historie vergessen. Die Chilis entschärfen Sie am besten mit Tiger-Bier. Eine Filiale im Zentrum.

73 **MIYABI**
Navrátilova 10
Neustadt ②
+420 296 233 102
miyabi.cz

Dieses Lokal gibt es schon seit 1995. Neben den Sushis und Bento-Boxen zeigt die Speisekarte einen monatlichen Themenschwerpunkt. Für echtes Japan-Feeling reservieren Sie an einem Abend mit Sahkuhachi-Musik das Tatami-Zimmer, in dem man auf dem Boden sitzt.

74 **KABUL**
Krocínova 5
Altstadt ①
+420 224 282 509
kabulrestaurant.cz

Selbst nach dem Umzug blieb das behagliche Restaurant des afghanischen Gourmets Hasib Saleh ein Traditionshaus. Die Lammspieße kommen direkt vom Grill auf den Teller, die Ashak (Lauch-Tortellini) werden immer noch mit viel Kofta (Fleischbällchen) und Minzjoghurt serviert, und das Auberginen-Badonjane Siah begeistert auch Fleischliebhaber.

75 **K THE TWO BROTHERS**
Petrská 12
Neustadt ①
+420 273 134 430
indian-restaurant-prague.com

Dieses Lokal wurde von zwei indischstämmigen Londonern eröffnet. Mit Kronleuchtern, Silberspiegeln und großen historischen Fotos erinnert das Interieur irgendwie an ein Reich, in dem die Sonne nie untergeht. Probieren Sie das wundervolle Chicken Tikka Masala!

72 BAHN-MI-BA

Die 5 besten

ITALIENISCHEN RESTAURANTS

76 **AROMI**
Náměstí míru 6
Vinohrady ④
+420 222 713 222
aromi.lacollezione.cz

Gegenüber vom Vinohrady-Theater gelegen, ist dieser Nobelitaliener ebenso stylish wie sein Nachbar. Sein passionierter Inhaber, Riccardo Lucque, legt Wert auf die Einfachheit natürlicher Zutaten und Bioprodukte aus italienischen Kleinbetrieben. Auf der Weinkarte stehen ca. 300 italienische Weine und über 100 verschiedene Grappas.

77 **SAN CARLO**
Nosticova 1
Kleinseite ③
+420 257 312 518
sancarlo.cz

Die Pizza Napoletana hat über das San Carlo ihren Weg nach Prag gefunden. Der Kücheneingang ist ein Beichtstuhl mit der Inschrift »Ora et labora« (Bete und arbeite!). Die Gewölbe sind floral verziert und schaffen zusammen mit den vornehmen roten Samtstühlen und den Spiegelmosaiken ein extravagantes Ambiente. In der Dittrichova gibt es eine weitere Filiale.

78 **PASTAŘ**
Malostranské nábřeží 1
Kleinseite ③
+420 777 009 108
pastar.cz

Das Pastař entstand aus der Freundschaft zwischen Jan Blažek, dem Gründer einer tschechischen Herstellerfirma für frische Pasta, und dem Koch Tomáš Arnold, der früher ein Restaurant mit Michelinstern führte. Dieses authentisch italienische Familienrestaurant lockt Kundschaft mit einer kleinen Feinkosttheke im Laden vorne.

79 **OSTERIA DA CLARA**
Mexická 7
Vršovice ④
+420 271 726 548
daclara.com

Eine winzige toskanische Ecke in Prag, schlicht und unprätentiös, mit aromatischem Seafood und ausgezeichnetem Primitivo. Großzügige Portionen und heimelige Atmosphäre – Sie werden sicher wiederkommen! Bestellen Sie ein 5-Gänge-Menü (ca. 3 Stunden).

80 **ICHNUSA BOTEGA BISTRO**
Plaská 5
Smíchov ⑦
+420 605 375 012
ichnusa.restaurant.cz

Ein echtes sardisches Refugium, ein kleines Lokal mit nur ein paar Tischen und täglich wechselnder Speisekarte. Inhaber Antonello Pranteddu sorgt für eine familiäre Atmosphäre und herzliche Gastlichkeit. Hier werden nur die besten Zutaten verwendet, gepaart mit duftenden Rotweinen. Als Verdauungslikör gibt's nach dem Essen ein Glas Mirto.

97 CAFÉ LETKA

75 ORTE ZUM AUSGEHEN

Die 5

UNGEWÖHNLICHSTEN BARS UND KNEIPEN

81 **PAVILLON GRÉBOVKA AM WEINBERG**
Havlíčkovy sady 1369
Vinohrady ④
+420 725 000 334

Inmitten eines Parks, der einmal der Privatgarten eines Großindustriellen war. Im ersten Stock des Pavillons befindet sich eine Bar mit Galerie, der zweite diente früher für Veranstaltungen. An einem Südhang werden Reben angebaut, es ist also einer der beiden Orte in Prag, wo Wein produziert wird.

82 **CAFÉ VÍTKOV**
U Památníku 1900
Žižkov ⑤
+420 603 554 520
cafevitkov.cz

Das Reiterstandbild zu Ehren des Hussitenheerführers Jan Žižka (1360–1424) ist fast von jedem Punkt der Stadt aus zu sehen. Die Idee zum Nationaldenkmal am Veitsberg entstand bereits 1877, die Anlage wurde aber erst 1950 eingeweiht. Genießen Sie den Blick von Café im 2. Stock des riesigen Gebäudes (einst ein Mausoleum).

83 **CROSS CLUB**
Plynární 23
Holešovice ⑧
+420 736 535 010
crossclub.cz

Holešovice war früher ein Industrieviertel; davon zeugt bis heute der Charakter des Cross Club. Schlendern Sie auf den eisernen Galerien an Zahnrädern vorbei, chillen Sie im Außenbereich oder tanzen Sie die Nacht durch, je nachdem ...

84 **(A)VOID**
Náplavka (unter der Eisenbahnbrücke)
Neustadt ②
+420 602 211 181

Eine flippige Bar in einem umgebauten Frachtdampfer. Das untere Deck hat einen offenen Kamin, ein Piano und Verandaschaukeln, das obere eine große Terrasse mit Blick auf die alte Eisenbahnbrücke und die Burg. Alle zwei Tage finden hier Gigs mit Elektronischer Musik statt, gelegentlich auch Ausstellungen.

85 **PÍSEK-TOR / PÍSECKÁ BRÁNA**
K Brusce 5
Hradčany ③
+420 233 321 313
piseckabrana.cz

Nur einen Steinwurf von der Burg entfernt findet man hier den letzten noch erhaltenen Barockabschnitt der alten Stadtmauer im Zentrum. Heute kann man dort eine Ausstellung besuchen oder auf einen Drink reinschauen. Einmal im Monat wird ein Jazzkonzert veranstaltet.

Die 5 besten

WEINBARS

86 **STRADA DEL VINO**
Pštrossova 34
Neustadt ②
+420 777 448 289
strada-del-vino.cz

Hier kann man glas- oder flaschenweise verkosten! Vertreten sind alle italienischen Regionen vom Veneto bis Apulien, und der Inhaber teilt gern sein Weinwissen über seine heißgeliebte Toskana. Piadina (Fladenbrot) oder mit Olivenöl beträufelten Burrata probieren!

87 **NA BŘEHU RHÔNY**
Francouzská 84
Vršovice ④
+420 222 932 236
nabrehurhony.cz

Nach ein paar Reisen in die Provence haben es sich Filip Hotový und Karel Karafiát zur Aufgabe gemacht, für Côtes-du-Rhône-Weine zu werben. Dabei setzen sie auf Bag-in-Boxen, sodass Kunden eine breite Auswahl an preiswerten Weinen haben.

88 **WEINBAR VELTLIN**
Křižíkova 115
Karlín ⑥
+420 725 535 395
veltlin.cz

Diese Bar wurde vom tschechisch-polnischen Dichter Bogdan Trojak gegründet. Täglich stehen verschiedene offene Bioweine aus allen Teilen der früheren K.-u.-k.-Monarchie zur Auswahl, d.h. Weine von Nordböhmen bis in die Toskana. Stellen Sie sich auf Ihren unvergesslichsten Erdkundeunterricht ein – zum Thema Mitteleuropa!

89 **VINÁRNA NÁPLAVNÍ**
Náplavní 9
Neustadt ②
+420 241 416 546
vinarna-naplavni.cz

2012 musste eine alte Schankstube dieser modernen Weinkellerei weichen. Der Inhaber Jiří Kalousek steckte sein ganzes Herzblut hinein und das Resultat zeigt, dass es all die Mühe wert war. Hier gibt es eine gute Auswahl an mährischen und ungarischen Weinen vom Fass (ab 14 CZK pro 0,1 l).

90 **U ZELENÉHO MNICHA**
Jugoslávských partyzánů 34
Bubeneč ⑨
+420 776 085 899
uzelenehomnicha.cz

Setzen Sie sich an einen der Fasstische und fangen Sie mit den südmährischen Weinen an, die weniger als einen Euro pro Glas kosten. Dann geht's weiter im Deli nebenan (derselbe Inhaber). Entscheiden Sie selbst, was besser einem Rausch vorbeugt: ungarische Würstel oder holländischer Käse?

88 WEINBAR VELTLIN

5 Orte für einen TOLLEN KAFFEE

91 **KÁVA**
Růžová 7
Neustadt ①
+420 604 340 291
kavaruzova.cz

Dieses kleine Café in einer Gasse hinter einer Kirche hat nur anderthalb Tische; deswegen nehmen hier Einheimische gern ihre »Droge to go«. Schon beim Einatmen des Raumdufts weiß man, dass der Kaffee hier gut schmeckt. Der in einem der Prager Vorstädte geröstete *káva* ist wirklich köstlich.

92 **BISTRO PROTI PROUDU**
Březinova 22
Karlín ⑥
+420 728 036 171
bistroprotiproudu.cz

»In coffee we trust«, so lautet das Motto dieses Bistros, wo man ganztägig frühstücken kann. Es entstand als Hommage an František Křižík, den »tschechischen Edison«, der Karlín und Libeň mit einer Tramlinie verband. Die minimalistische Einrichtung steht in Kontrast zum vollmundigen Barista-Kaffee.

93 **MÍSTO**
Bubenečská 12
Dejvice ⑨
+420 727 914 535
mistoprovas.cz

Dejvice brauchte einen Ort wie diesen, wo man am Wochenende durchgehend Frühstück sowie köstlichen Kaffee und Kuchen bekommt. Die edle Kaffeemaschine ist von Kees van der Westen. Ein Café zum Verweilen für den ganzen Tag, selbst in der Rushhour lohnt das Warten.

94 **KOFÁRNA**
Zborovská 60
Smíchov ⑦
+420 737 454 962
kofarnakafe.cz

Der Duft frisch gerösteten Kaffees begrüßt einen schon in der Straße. Vorn ist ein kleines Co-working-Areal, und im hinteren Bereich kann man in zwei hellen Räumen sitzen und schmökern. Das Personal nimmt Kaffee sehr ernst, und das gelegentliche Warten lohnt sich.

95 **MAMA COFFEE**
Londýnská 49
Vinohrady ④
+420 773 263 333
mamacoffee.cz

Alles begann 2007 mit einer Reise nach Südäthiopien. Nach ihrer Rückkehr beschlossen Marta und Daniel Kolský, ihre eigene Kaffeerösterei zu gründen und machten damit Mama Coffee zur ältesten Fairtrade-Rösterei in Mitteleuropa. Heute haben sie sieben Cafés in ganz Prag. Dieses hier, mit dem kleinen Vorgarten, war aber das allererste.

93 MÍSTO

5 *Orte zum fröhlichen*
ZECHEN MIT EINHEIMISCHEN

96 **KAVÁRNA KABINET**
Terronská 25
Bubeneč ⑨
+420 233 326 668

Man fragt sich schon, warum Einheimische ihre Freizeit gern in einem Raum voller ausgestopfter Vögel, Pflanzenposter und alter Globusse verbringen. Aber sobald man dann die Waffeln, heiße Schokolade oder Craftbiere probiert, ist alles klar: Weil es einfach fantastisch ist!

97 **CAFÉ LETKA**
Letohradská 44
Holešovice ⑧
+420 777 444 035
cafeletka.cz

Das Letka (ab 8 Uhr geöffnet) zieht bereits morgens Kaffeesüchtige an. Um die Mittagszeit strömen junge Berufstätige herein, um ihr Avocado-Sandwich zu essen. Am Nachmittag empfängt es Besucher des benachbarten Technischen Nationalmuseums. Und gegen Abend ist die Bar ein toller Ort für ein Date.

98 **ZÁZEMÍ**
Bartoloměјská 13
Altstadt ①
+420 776 693 326

Zázemí ist ein multikulturelles Vereinsheim, wo man beim Trinken und Singen mit Einheimischen richtig gut Freund wird. Fast jeden Abend tritt eine Liveband auf (kostenfrei!). Wer möchte, kann auf dem Klavier im großen Gastraum spielen – und sich gegebenenfalls mit ein paar Bier Mut antrinken.

99 **DOBRÁ TRAFIKA**

Korunní 42
Vinohrady ④
+420 737 907 635
dobratrafika.cz

Dieser 18 Jahre alte Betrieb ist eine lokale Institution. Auf den ersten Blick wähnt man sich in einem normalen Tabakladen, der Durchgang führt jedoch zu einem versteckten Pianocafé. Vormittags besteht das Publikum meist aus eigenbrötlerischen Zeitungslesern und geschwätzigen Studenten; an den Abenden gibt es Musik-Entertainment.

100 **ROH DRUŽSTEVNÍ KAVÁRNA**

U Božích bojovníků 3
Žižkov ⑤
+420 608 729 071

Ein Treffpunkt für Umweltbewusste, der von einem Freundeskreis betrieben wird. Bestellen Sie zu einem der fantastischen Biere vegane Würstchen und essen Sie am Kaminofen. Das Personal ist sehr freundlich und spricht gutes Englisch. Nur nachmittags geöffnet, außer mittwochs und donnerstags.

5 *Kneipen mit*
GROSSER BIERAUSWAHL

101 **BASE CAMP**
U Sudánky 27
Bubeneč ⑧
+420 773 260 707
pifko.info

Hier geht's hinab in einen kleinen Kelleraum mit ein paar Tischen, vielen Holzkisten mit Kühlschränken bzw. Wandregalen voller Biere. Die Auswahl ist fast beängstigend, also besser nicht alle auf einmal verkosten. Daran sind schon einige gescheitert (und hinterher die Treppen hinaufgekrabbelt). Selbstbedienung!

102 **BRUXX**
Náměstí Míru 9
Vinohrady ④
+420 224 250 404
bruxx.cz

Eines ist klar: Tschechisches Bier ist toll! Belgische Biere aber sind noch komplexer und vielfältiger. Diese Brasserie Brüsseler Art hat eine gute Auswahl an edlen Hopfensäften; die Pommes jedoch sind nirgendwo so knusprig wie in einer belgischen Frittenbude. Beliebt bei Familien wegen der großen Spielecke.

103 **ZUBATÝ PES**
K Botiči 2
Vršovice ④
+420 775 638 737
zubatypes.cz

Fahren Sie doch mal mit der Tram zum »Knurrenden Hund« (Logo). Hier gibt es meist 16 Biere vom Fass, die Hälfte davon aus dem Ausland. Der Inhaber ist ein passionierter Bierkenner. Unbedingt einen Platz an der Bar ergattern!

104 ZLÝ ČASY

Čestmírova 5
Nusle ④
+420 723 339 995
zlycasy.eu

»Süffiges Bier hilft beim Vergessen«, so lautet das Mantra – die Tschechen scheinen zu glauben, dass man sich hier ganz gut in den Betäubungszustand versetzen kann. Mit bis zu 20 Bieren vom Fass inspiriert sie dieses kleine Verlies sogar zu Biergedichten. Hier wird es immer richtig voll, also besser reservieren!

105 PIVOVARSKÝ KLUB

Křižíkova 17
Karlín ⑥
+420 222 315 777
pivovarskyklub.com

Hier treffen sich die besten Brauer zu ihrem »Prager Stammtisch«. Die Wendeltreppe im Laden führt hinauf zur Bar. Dort können Sie zwischen 250 Flaschen- und 6 Fassbieren wählen. Die meisten sind tschechisch, gelegentlich »gastiert« hier aber auch ein deutsches, belgisches oder dänisches Bier.

105 PIVOVARSKÝ KLUB

5 besonders

STYLISHE UND HIPPE CAFÉS

106 **LA BOHEME CAFÉ**
Sázavská 32
Vinohrady ④
+420 734 207 049
labohemecafe.eu

2003 schüttelten sich der Amerikaner Charles Fleer und ein Kaffeebauer erstmals die Hand. Seither reist Fleer zu Plantagen in aller Welt. Werden Sie Teil eines internationalen hippen Publikums, das Flat Whites und Fritz Kola schlürft. Wer ein Getränk pro Stunde bestellt, bekommt WLAN gratis dazu.

107 **KAVÁRNA CO HLEDÁ JMÉNO**
Stroupežnického 10
Smíchov ⑦
+420 775 466 330
kavarnacohledajmeno.cz

In diesem zwielichtigen Hinterhof eines Parkplatzes liegt ein trendiges Juwel versteckt, das man dort gar nicht vermutet. Schauen Sie im Sommer am Lagerfeuer zu den Sternen hinauf und stellen Sie sich vor, was dieser schäbige Bar-Van schon alles erlebt hat.

108 **URBAN CAFÉ**
Na Poříčí 37
Neustadt ①
cafeurban.cz

In einem Gebäude untergebracht, in dem 600 Partisanen des Zweiten Weltkriegs ausgebildet wurden. Das Café ist ein halber Garten, eine Wand ist ganz mit Topfpflanzen vollgestellt. Trinken Sie Ihren Kaffee aus der Berliner Rösterei Fjord an einem Gemeinschaftstisch.

109 EMA ESPRESSO BAR

Na Florenci 3
Neustadt ①
+420 730 156 933
emaespressobar.cz

Einverstanden mit weniger Komfort für einen guten Kaffee? Dieses Lokal, das schön nahe an einer belebten Bahnstation liegt, ist oft rappelvoll, d.h. man könnte mit seinem Filterkaffee auch auf der Treppe landen. Bingo! - der ideale Sitzplatz, um Leute zu beobachten.

110 SUPER TRAMP COFFEE

Opatovická 18/Spálená 15
Neustadt ②
+420 777 446 022
supertrampcoffee.cz

Eine versteckte Passage (zwischen Opatovická und Spálená) führt in einen kleinen Innenhof. Der Durchgang war jahrelang heruntergekommen, vor Kurzem aber hat ein ruhiges Café mit tollem Kaffee, Kuchen und hausgemachtem Naschwerk eröffnet. Probieren Sie Cascara - den belebenden Tee aus Kaffeekirschen (»Armeleutekaffee«).

107 KAVÁRNA CO HLEDÁ JMÉNO

5 tolle Orte mit

JAZZ- UND BLUES-SOUND

111 **JAZZ DOCK**
Janáčkovo nábřeží 2
Smíchov ⑦
+420 774 058 838
jazzdock.cz

Eine relaxtere Musikkneipe lässt sich in Prag wohl kaum finden. Dies ist der einzige Ort, wo man Jazz direkt an der Moldau hören kann, d. h. hier darf aufgrund der akustischen Verhältnisse auch bis in den frühen Morgen gespielt werden (zwei verschiedene Konzerte pro Abend). Echt toll!

112 **MALOSTRANSKÁ BESEDA**
Malostranské náměstí 21
Kleinseite ③
+420 257 409 123
malostranska-beseda.cz

Dieses frühere Rathaus in der Kleinseite (Malá Strana) hat in der kulturellen und politischen Befreiung der tschechischen Nation eine wichtige Rolle gespielt. Hier sind alle möglichen Stilrichtungen zu hören (Jazz, Blues, Folk, Chanson und Bluegrass).

113 **JAZZ REPUBLIC**
Jilská 1a
Altstadt ①
+420 221 183 552
jazzrepublic.cz

Im Herzen der Altstadt, nur vier Gehminuten von der Metrostation Národní entfernt. Hier findet jeden Abend ein anderes Konzert statt (ab 21.15 Uhr, Einlass um 20 Uhr). Damit die Gäste nicht verhungern, gibt's auch Kleinigkeiten zum Abendessen (Tapas, Sandwiches oder Käseteller).

114 **KAŠTAN - SCÉNA UNIJAZZU**

Bělohorská 150
Břevnov ③
+420 233 353 020
kastan.unijazz.cz

1878 erlebte dieses alte Gasthaus die Gründung der tschechischen Arbeiterbewegung. Die heutigen Betreiber (örtliche Kommune und Kulturzentrum) haben das »Popmuseum« geschaffen, eine Ausstellung u. a. von E-Gitarren made in Tschechien sowie Tasteninstrumenten, die in der ehemaligen Tschechoslowakei gespielt wurden. Das angrenzende Únik Café hat eine schöne Terrasse.

115 **CLUB BLUES BAHNHOF**

Mlýnská 2a
Bubeneč ⑨
+420 776 568 710
bluesbahnhof.com

Selbst wenn Ihr Zug langsam genug vorbeituckelt, fällt Ihnen wohl kaum das Gebäude gegenüber auf, das einmal die Bahnstation Bubeneč war. Die heruntergekommene Fassade und der verwilderte Garten lassen es eher wie eine Einsiedelei und gar nicht wie ein Blues-Club aussehen, wo französischer Wein und Whisky ausgeschenkt werden.

5 der coolsten

OPEN-AIR-BARS

116 **NA HRADBÁCH**
V Pevnosti 2
Vyšehrad ②
+420 734 112 214
praha-vysehrad.cz

Wer alle Stufen zur Prager Hochburg hinaufgestiegen ist, hat einen Drink verdient! Gleich hinter dem Leopold-Tor stößt man linkerhand auf dieses *hospůdka* (kleiner Pub). Hier gibt es gutes Lagerbier, außerdem Balkanspezialitäten vom Grill. Jetzt noch mit einem süffigen Pljeskavica auf den Sonnenuntergang warten!

117 **CAFÉ ŠESTÁK**
Vítězné náměstí
Dejvice ⑨

Dank einiger unternehmerischer Tschechen wurde dieser Sackgassen-Parkplatz in ein schönes Café mit Bar-Truck verwandelt. Auf dem Programm stehen Konzerte, Piano-Jam-Sessions, kreative Workshops und Freedance-Kurse. Wenn mal nichts los ist, vertreibt man sich mit Ball- und Brettspielen die Zeit.

118 **LETNÁ-BIERGARTEN**
Letenské sady
Holešovice ⑧
+420 724 170 940

Setzen Sie sich doch oben am Letná-Berg unter die riesigen Kastanienbäume! Dort kann man bei einem genialen Blick auf die City seinen Durst supergünstig mit einem kühlen Bier oder einem frisch gezapftem Kofola löschen. Grandiose Sonnenuntergänge!

119 NÁPLAVKA

Rašínovo nábřeží
Neustadt ②
prazskenaplavky.cz

Erst vor Kurzem ist Prag das ungeheure Potenzial seiner Flussufer bewusst geworden. Zunächst entstanden immer mehr Bars, gefolgt von Schiffen, Erlebniseinrichtungen und sogar einem schwimmenden Beachvolleyball-Platz. Diese 500 Meter lange Bar mit Kulturevents und Festivals fängt die Sommerlaune ein (April bis Oktober geöffnet).

120 TISKÁRNA NA VZDUCHU

Areál Výstaviště 67
Holešovice ⑧
+420 602 679 625
tiskarnanavzduchu.cz

Ein kleines Juwel am Rand des Stromovka-Parks und des Ausstellungsgeländes. Und ein toller Ort, wo Kultur, Spaß und Business zusammentreffen (ab dem frühen Nachmittag geöffnet). Schauen Sie ins Programm, was alles so geboten wird – DJ-Set, Swing-Dance-Party oder Kino.

Die 5 schönsten
LGBT-BARS

121 **Q CAFÉ**
Opatovická 12
Neustadt ②
+420 776 856 361
q-cafe.cz

Das Q Café (versteckt in einer Gasse nahe der Moldau) ist ein cooler Szenetreff. Nette Barmitarbeiter mixen leckere Cocktails, und die Atmosphäre ist immer sehr einladend. Wer auf ein heißes Date aus ist, sucht sich am besten einen Platz nahe beim Bartresen. Unten kann man sich ungestört unterhalten.

122 **CLUB TERMIX**
Třebízského 4a
Vinohrady ④
+420 222 710 462
club-termix.cz

Wer in diesen Privatclub möchte (nur an einigen Abenden geöffnet, aber immer viel los), muss an der Stahltür klingeln. Vor einer der Wände »parkt« ein rosaroter Fiat. Beliebt sind Mittwochabende, an denen immer tschechische Ohrwürmer gespielt werden. Kein Gedeckzuschlag und vernünftige Preise.

123 **CAFÉ & BAR SAPFÓ**
Slezská 74
Vinohrady ④
+420 720 297 420
sapfo.cz

Sappho war eine griechische Dichterin auf der Insel Lesbos und die Inspiration für Petras und Alices lesbisches Refugium im Herzen dieses LGBT-Viertels. Nur abends geöffnet, oft mit Konzerten und DJ-Partys.

124 **SAINTS BAR**
Polská 32
Vinohrady ④
+420 222 250 326
praguesaints.cz

Diese alteingesessene LGBT-Bar (unter britischer Führung) zieht englischsprachiges, internationales Publikum an. Gerne gibt man hier Insidertipps zur Prager Gay-Szene. Eine intime Bar, die oft Events veranstaltet, u. a. das berüchtigte Quiz am letzten Sonntag des Monats.

125 **CAFÉ CAFÉ**
Rytířská 10
Altstadt ①
+420 224 210 597
cafe-cafe.cz

Ein toller Treffpunkt im Stadtzentrum mit köstlichen Kuchen, Frühstück bis 12 Uhr und leichten Mahlzeiten und Salaten. Sehr beliebt in der Prager Modeszene zum Sehen und Gesehenwerden. Wer den Hipster-Faktor bei sich selbst vermisst, der lasse sich einfach von den Flatscreens inspirieren – da läuft nämlich nonstop Fashion-TV.

5

KUNST- UND LITERATURCAFÉS

126 **MLÝNSKÁ KAVÁRNA**
Všehrdova 14
Kleinseite ③
+420 257 313 222

Vom Kampa-Park aus geht es über eine kleine Brücke, die sich über den Čertovka-Kanal spannt. Der Eingang befindet sich dann gleich rechts von einem hölzernen Mühlenrad. Hier treffen sich die liberale Elite, Politiker und Künstler, wie etwa der Bildhauer David Černý oder ehemalige Minister.

127 **LEICA GALLERY PRAGUE**
Školská 28
Neustadt ②
+420 222 211 567
lgp.cz

Die hohen Decken dieses eleganten Cafés machen es zu einem idealen Ausstellungsort für Fotokunst (immer schöne Bilder im hinteren Raum, gegen Eintrittsgeld). Hier werden nur Qualitätsweine der Kellerei Kubík und französische Weine (Domaine Gayda) ausgeschenkt.

128 **LITERÁRNÍ KAVÁRNA ŘETĚZOVÁ**
Řetězová 10
Altstadt ①
+420 222 220 681
kavarnaretezova.cz

Ein unglaublich friedvoller Ort in einer ruhigen Seitenstraße abseits des Touristenstroms, mit ausgezeichnetem sardischem (offenem) Wein und feinen Snacks. Im Keller finden oft Buchpräsentationen, Blues-Konzerte sowie aktuelle Debatten und Literaturfeste statt.

129 **KAVÁRNA LIBERÁL**
Heřmanova 6
Holešovice ⑧
+420 732 355 445

Ein superlässiges Café, das einem Traveller und Dandy namens Jakub Štorek gehört. Das authentische, altmodische Ambiente zieht Intellektuelle an, die sich über einem frisch gezapften Únětické austauschen. Außerdem gibt's hier ordentlichen (offenen) Wein und ein oder zwei schmackhafte Gerichte pro Tag (hoffentlich Gulasch!).

130 **KAVÁRNA POTRVÁ**
Srbská 2
Dejvice ⑨
+420 222 963 707
potrva.cz

Mit einer Clique von Laienschauspielern, die eine Bühne brauchten, fing alles an. Mit der Zeit entwickelte sich alles zu einem Projekt im gemütlichen Untergeschoss mit Café und Theater. Neben Theateraufführungen, Filmabenden und Talks treten auch coole neue Bands auf.

126 MLÝNSKÁ KAVÁRNA

5 schicke

COCKTAILBARS

131 **L'FLEUR**
V Kolkovně 5
Altstadt ①
+420 734 255 665
lfleur.cz

L'Fleur (nahe einer gehobenen Einkaufsstraße) ist stolz darauf, mit über 200 Sorten das größte Champagner-Sortiment in ganz Tschechien zu haben. Der ideale Ort, um in Ruhe zu testen, ob Champagner wirklich keinen Kater verursacht.

132 **HEMINGWAY BAR**
Karolíny Světlé 26
Altstadt ①
+420 773 974 764
hemingwaybar.eu

Kunst der Mixologie vom Feinsten! Schauen Sie hier vorbei, um zu beeindrucken und beeindruckt zu werden! Diese Bar widmet den Favoriten des Namensgebers große Aufmerksamkeit, nämlich Drinks mit Absinth, Rum und Champagner. Zur Horizonterweiterung können Sie eine Rumverkostung buchen. Werfen Sie beim Hinausgehen einen Blick auf die alte Registrierkasse.

133 **VLKOVA 26**

Vlkova 26
Žižkov ⑤

Eine der edelsten Bars im Viertel, an einer Ecke über dem Victoria-Žižkov-Stadion, die mit ihren (oft weiblichen) DJ-Jets hippes Jungvolk anzieht. Sonntagvormittags finden beliebte Pizza-Brunchs statt.

132 **HEMINGWAY BAR**

134 **PARLOUR**

Krakovská 15
Neustadt ②
+420 777 200 015
parlour.cz

Cocktailkarten gibt es hier nicht. Sagen Sie einfach, wie Sie sich fühlen, und die Barkeeper werden Ihre Laune in einen individuellen Cocktail verwandeln. Beobachten Sie die Zauberei an der Bar oder betrachten Sie an einem Platz unter dem Deckengewölbe die Wandmalereien.

135 **BLACK ANGEL'S BAR**

Staroměstské náměstí 29
Altstadt ①
+420 224 213 807
blackangelsbar.cz

Diese Bar liegt in einem gotischen Keller am Hauptplatz versteckt. Die Innenaustattung ist einfach fantastisch. Die Cocktailkarte greift geschickt das Tagebuch von Alois Krcha auf, der sich all die Rezepte ausgedacht haben soll. Jeder Cocktail ist mit einer persönlichen Geschichte verbunden. Geistreich und witzig zu lesen – noch mehr Spaß aber macht der Trinkgenuss!

5 Orte mit
HERRLICHER TERRASSE

136 **ALYCHYMISTA**
Jana Zajíce 7
Bubeneč ⑧
+420 732 938 046
alchymista.cz

Diese Teestube mit schönem Garten und Fischteich (neben dem Kaffeemuseum) serviert seit 1998 köstliche Kuchen. Gönnen Sie sich ein Stück Käsekuchen unter einem Rosenstock und versuchen Sie, sich mit dem schwarzen Hauskater Howard anzufreunden.

137 **KAVÁRNA ČEKÁRNA**
Vratislavova 8
Vyšehrad ②
+420 601 593 741
kavarnacekarna.cz

Der durch Backsteingemäuer zweigeteilte Garten ist genial gestaltet. Die obere Ebene gehört der evangelisch-reformierten Kirche (inklusive Gebäude), die untere ist für die Kaffeehausbesucher. Probieren Sie tagsüber den leckeren Kaffee oder abends ein Mucha-Bier mit mariniertem Käse.

138 **CAFÉ PAVLAČ**
Víta Nejedlého 23
Žižkov ⑤
+420 222 721 731
cafepavlac.cz

Dieses Familiencafé hat einen idyllischen Hinterhof mit Topfpflanzen, eine efeubewachsene Wand und darüber typische Žižkov-Galerien. Hier gibt es herzhafte Frühstücke, täglich Mittagsmenüs, abends leichte Mahlzeiten, hausgemachte Desserts und Limos aus Frischobst. Alles top!

139 STYL & INTERIER

Vodičkova 35
Neustadt ②
+420 222 543 128
stylainterier.cz

Dieses Haus mit seinem Barockportal fällt auf, weil es im Vergleich zu den umgebenden Gebäuden so klein ist. Eine kurze Passage (Showroom) führt in einen Innenhof mit gotischem Gewölbe aus der Zeit von Karl IV. Man lasse sich auf einem der Stühle im Kolonialstil nieder und bestelle, wonach einem gerade ist!

140 BISTRO ZAHRADA

Belgická 33
Vinohrady ④
+420 734 266 315
bistro-zahrada.cz

Das Konzept dieses Cafés rankt sich um den rückwärtigen Garten mit großer Terrasse, Kräuter-Steingarten und Gemüsebeet. Es gibt durchgehend Frühstück, Mittag- und Abendessen sowie Wochenend-Brunch; dazu ausgezeichneten Kaffee und Wein. Herrlich urban!

140 BISTRO ZAHRADA

Die 5 besten
MIKROBRAUEREIEN

141 **KLÁŠTERNI ŠENK/ KLOSTERSCHENKE**
Markétská 1
Břevnov ③
+420 220 406 294
klasternisenk.cz

Im Kloster des heiligen Adalbert (tsch. Vojtěch) brauen Mönche seit Jahrhunderten schon Bier, genau genommen seit 993. Hier hat man sich auf (dunkle) Lagerbiere, Starkbier, Craftbier (IPA) und Weißbier spezialisiert. In der angrenzenden Schenke ist am Wochenende immer viel los; also besser reservieren.

142 **BRAUEREI U DOBŘENSKÝCH**
U Dobřenských 3
Altstadt ①
+420 222 222 141
pivovarudobrenskych.cz

Mit einer Fläche von 14 Quadratmetern und einem 400-Liter-Kessel womöglich Prags kleinste Brauerei. Der Schwerpunkt liegt auf Kräuterbieren; dazu zählen Spezialitäten wie Burzeldorn-Bier und Salbei-Starkbier. Andere Sorten (Minze, Zitronenmelisse, Holunder und Kreuzdorn) sind saisonal. Die Gaststube mit Kamin und nettes Personal runden das Ganze ab.

143 **BRAUEREI KOLČAVKA**
Nad Kolčavkou 8
Libeň ⑧
+420 736 735 685
pivovarkolcavka.cz

Nach 86 Jahren wurde in Libeň die alte Brautradition wiederbelebt. Einziges Prager Bier aus weiblicher Hand! In der Mitte des Gastraums steht ein 225-Liter-Kessel. So können Gäste den Brauprozess mitverfolgen.

144 **MINI-BRAUEREI BEZNOSKA PROSEK**

Klíčovská 11
Prosek ⑧
+420 286 583 299
skolicka.cz

Ziemlich weit vom Zentrum, die kurze Fahrt mit der Metro lohnt sich aber allemal. Die Brauerei befindet sich in einer ehemaligen Grundschule. Vor Ort wird gerne in kleinen Mengen mit Lager, Starkbier und Craftbier experimentiert. Wer es mit der Bierverkostung übertreibt, kann im Obergeschoss gleich übernachten.

145 **BRAUEREI VINOHRADSKÝ**

Korunní 106
Vinohrady ④
+420 222 760 080
vinohradskypivovar.cz

Die Hälfte der großen Gewölbekeller werden zum Brauen, Gären und Reifen mehrerer Biersorten genutzt – traditionelle, ungefilterte Lagerbiere mit tschechischem Malz und Hopfen sowie zunehmend beliebte Sonderbräus. In der anderen Kellerhälfte, mit dem Produktionsraum über runde Fenster verbunden, befinden sich ein Pub, ein Restaurant und ein Underground-Club.

Die 5 besten

BIERE ZUM VERKOSTEN

146 **SVATÝ NORBERT IPA**

Unfiltriertes Craftbier (IPA) aus der Klosterbrauerei Strahov. Traditionell für den langen Transport nach Indien gebraut, inspiriert das IPA heute europäische Braumeister zu bitteren Lagerbieren. Dieses ist obergärig und kombiniert einen kräftigen Malzkörper mit starker Bitternote und hopfigem Aroma.

147 **MATUŠKA PŠENIČNÉ**

Das Hefeweizen (Weißbier) nach bayerischer Brauart ist ziemlich spritzig, hat eine Brotnote im Geschmack und eine gesunde Hefedosierung. Am besten schmeckt es in einem schlanken, geschwungenem Weißbierglas. Weizenbiere gehören zu den ältesten Biersorten, die bis ins Mittelalter zurückreichen und heutzutage eine Renaissance erleben.

148 CLOCK 12° AMERICAN PALE ALE

Unfiltriertes, leichtes, goldfarbenes Lagerbier mit weicher Schaumkrone. Es hat ein erfrischendes Aroma mit Zitrusnote und urigem Hopfen, einen mittelkräftigem Malzkörper mit ausgewogener Bitternote, aber den markanten Charakter amerikanischer Hopfensorten (Simcoe und Cascade).

149 NOMÁD EASY RIDER

Wie der Name schon sagt, ist das Nomád eine Marke ohne festen Brauereistandort. Die Brauer reisen rund um die Welt, um sich zu inspirieren und besser ausgerüstete Kooperationspartner mit Lizenz nach ihren Rezepten brauen zu lassen. Easy Rider, ein trockenes American Pale Ale, ist ihr Standardbier.

150 ÚNĚTICE (AUNJETITZ)

Diese kleine Ortschaft östlich von Prag braut bereits seit Jahrhunderten Bier. Es gibt zwei Flagship-Lagerbiere: Das 10° ist ein hopfiges, leichtes Bier mit weniger Alkohol, während das goldfarbene 12° mit kräftigerem Hefearoma leicht naturtrüb ist.

147 **MATUŠKA PŠENIČNÉ**

5 der schicksten
HOTELBARS

151 **CAFÉ PALACE**
IM HOTEL PALACE
Panská 12
Neustadt ①
+420 224 093 163
palacehotel.cz/en/dining

Eröffnet wurde das Jugendstilhotel 1909, und seither gibt es im Parterre dieses majestätischen Gebäudes ein Café. An den dunkelroten Wänden hängen signierte Fotos berühmter Gäste, darunter Jacqueline Kennedy und Pink Floyd. Wochentags gibt es ein preisgünstiges Mittagsmenü.

152 **PIANO BAR**
IM HOTEL PRESIDENT
Náměstí Curieových 100
Altstadt ①
+420 234 614 100
hotelpresident.cz/gastronomy/piano-bar

Dieses Hotel, 1985 am rechten Moldauufer erbaut, dürfte wohl nicht das malerischste in Prag sein; deswegen ist das Management fleißig dabei, es wiederherzustellen. Im Zwischengeschoss (Foyer) befindet sich eine Pianobar mit glamourösem Interieur, offenem Kamin und Livemusik.

153 **PENTAHOTEL PRAGUE**
Sokolovská 112
Karlín ⑥
+420 222 332 800
pentahotels.com

Schummrig-violette Beleuchtung, gemütliche Ledersofas und die Möglichkeit, einen Snookertisch zu mieten, machen die Bar des Pentahotels zu einer angenehmen Oase für ein Date oder einen After-Work-Treff.

154 **BAROCCO VENEZIANO CAFÉ**
IM ALCHYMIST GRAND HOTEL
Tržiště 19
Kleinseite ③
+420 257 286 011
alchymisthotel.com/en/cafe-prague

Der Name sagt schon ziemlich alles: ein venezianisch anmutendes, reich verziertes Interieur mit vergoldeten Stuckarbeiten, Spiegeln und antikisierender Malerei. Genießen Sie bei leckeren, hausgemachten Pralinen oder Kuchen den schönen Blick über die Dächer der Kleinseite.

155 **SKY LOUNGE**
IM NH PRAGUE CITY HOTEL
Mozartova 1
Smíchov ⑦
+420 257 153 111
nh-hotels.com/hotel/nh-prague-city

Nach dem Lobby-Café geht's rechts zum »Aufzug«, und schon werden Sie feststellen, dass Sie sich in einer Seilbahn befinden, die Sie 50 Meter zum Executive-Gebäude hochbringt. Im 4. Stock befindet sich eine Bar mit grandiosen Ausblicken auf Prag. Ein Drink oder zwei machen den Ausflug noch unvergesslicher.

154 BAROCCO VENEZIANO CAFÉ

70 ADRESSEN ZUM SHOPPEN

5 trendige Adressen mit FASHION FÜR FRAUEN

156 **LEEDA**
Bartolomějská 1
Altstadt ①
+420 775 601 185
leeda.cz

Eines der ältesten Labels im Viertel, mit modernem Look und Ambiente. Seit seiner Gründung 2003 hat sich das Label durch zwei Designerinnen (beide heißen Lucie) rasant entwickelt. Die Adresse schlechthin für pfiffige, feminine Kleidung in zarten Farbtönen sowie für auffällige Freizeitkleidung, Accessoires und Schmuck tschechischer Designer.

157 **BACKYARD**
V Jirchářích 8
Neustadt ②
+420 605 894 096
back-yard.cz

Richtig geraten! Dieser Laden liegt in einem lauschigen Winkel, der nur über einen kurzen, begrünten Durchgang erreichbar ist. Zwischen den Kreativsitzungen in den Studios im 1. Stock managen acht Designer abwechselnd den Shop. Schauen Sie vorbei, um bei einem Glas Wein oder einer Tasse Kaffee mit ihnen zu plaudern (wenn gerade keine Modenschau stattfindet).

158 **LA GALLERY NOVESTA**
Elišky Krásnohorské 9
Altstadt ①
+420 734 574 868
lagallery.cz

Ein Multi-Brand-Store, der zur Förderung tschechischer und slowakischer Designer geschaffen wurde. Er bietet eine Plattform für junge Mode- und Schmuckdesigner, die noch kein eigenes Ladengeschäft haben. Regelmäßig wechselnde Auswahl (ca. drei Dutzend Labels gleichzeitig).

159 **TINA HOLLAS COUTURE**
U Obecního dvora 4
Altstadt ①
+420 602 325 125
tinahollas.com

Seit 1996 schneidert Tiny Tina hübsche Kleidung nach Maß, und seit drei Jahren sind Showroom und Atelier zusammengelegt. Ihre lässig-eleganten Stücke werden aus angenehmer Biobaumwolle, Kaschmir und Seide hergestellt, meist mit Naturfarben aus Italien.

160 **LUCIELA TASCHEN**
Petrská 10
Neustadt ①
+420 777 873 447
lucielataschen.com

Eine tschechische Marke für handgefertigte Ledertaschen, liebevoll produziert von tschechischen Kunsthandwerkern und mit so vielen lokalen Ressourcen wie möglich. Die neueste Reihe ist LT REDSIGN mit dem Modell Míla – eine 1980er-Jahre-Tasche, der mit pflanzlich gegerbtem Leder ein neues Design verpasst wurde. In vielen verschiedenen Farben erhältlich.

5 originelle Adressen für
HERRENKLEIDUNG

161 **TONAK**
Žatecká 14
Altstadt ①
+420 734 519 959
tonak.cz

Tonak ist seit 1799 auf handgefertigte Filzhüte aus Wolle und Fell spezialisiert. Treffen Sie Ihre Auswahl unter Baskenmützen, Feze, Kappen und Melonen. Die traditionelle Zmijovka-Mütze ist ein tolles Souvenir und ideal für kühles, windiges Wetter. Ihr Name verweist auf das schlangenähnliche Muster.

162 **THE ROOM BY BASMATEE**
Školská 7
Neustadt ②
+420 222 967 770
basmatee.cz

In einer kleinen Straße unweit des Wenzelsplatzes versteckt, bietet diese Boutique eine besonders gute Auswahl an Streetwear und Freizeitkleidung. Zu den hier verkauften Marken zählen Maharishi (GB), Gosha Rubchinkiy (Russland; inklusive Parfüms) und Moma (italienische Schuhe) ... sündhaft teuer!

163 **SEGRASEGRA**
Urxova 6
Karlín ⑥
segrasegra.com

Zwei Schwestern lancierten 2007 dieses Label, um Biker von knallbunter Sportswear zu befreien. Stattdessen entwarfen sie modische Funktionskleidung für Stadtradler. Lust auf einen Gürtel aus dem Mantel eines Reifens oder ein Radtrikot? Dann sind Sie hier goldrichtig!

164 BOHEMPIA

Sokolovská 76
Karlín ⑥
+420 773 475 625
bohempia.eu

Promotet und verkauft Hanfprodukte made in Böhmen, u. a. Schuhe, Kleidung, Unterwäsche, Textilien, Bettwäsche und Salben. Was ihre einfachen Styles und Farben so anders macht, sind die antibakteriellen, antiseptischen und klimaregulierenden Eigenschaften natürlicher Hanffaser. Perfekt für umweltbewusste Kunden auf der Suche nach nachhaltiger Fashion.

165 KRISPOL STORE

Ladova 5
Neustadt ②
+420 731 203 720
krispolstore.cz

Der allererste Laden in Prag, der sich auf Fliegen mit Originalmustern aus lokalen Materialien spezialisiert hat. Der Inhaber wollte diesem vergessenen Accessoire seinen rechtmäßigen Platz am Männerhals zurückerobern. Das schlug bei der städtischen Hipster-Klientel sofort ein. Bei jedem Einkauf bekommt man einen Crashkurs im Fliegenbinden.

161 TONAK

Die 5 interessantesten
VINTAGE-LÄDEN

166 **BOTAS 66**
Křížkovského 18
Žižkov ⑤
+420 223 012 991
botas66.com

Das Ergebnis eines studentischen Kunstprojekts auf Basis des Kultmodells Botas Classic. Die Tennisschuhmarke wurde 1966 in der Tschechoslowakei lanciert, seitdem ist das Wort *botasky* – für jede Art von Sportschuh – im tschechischen Wortschatz. Flippige Farben und die Laufschuhform ergeben ein Unikat.

167 **BOHO**
Francouzská 76
Vršovice ④
+420 733 206 929
boho.cz

Wie ein echtes böhmisches Paar begegneten sich Patrik und Patricia in London. Später richteten sie mit diesem multifunktionalen Raum ihr zweites Zuhause in Prag ein – mit Vintage- und Retro-Mode. Bewundern Sie Patricias Eigenkreationen, von Schmuck über Kerzen bis hin zu Möbeln; dann noch Patrik's Boho Café in der Ondříčkova 8 besuchen!

168 **GALERIE 22**
Husitská 22
Žižkov ⑤
+420 222 717 633
galerie22.cz

Ein Ausstellungsraum, wo man Designmöbel (Bauhaus, Art déco und Funktionalismus) aus Frankreich und Tschechien auch kaufen kann. Jedes Stück ist ein Unikat und wird in der Fachwerkstatt im 1. Stock sorgfältig restauriert.

169 PÁTÝ ELEMENT

Veverkova 28
Holešovice ⑧

Ein Secondhand-Laden, der verschiedene Theaterkostüme und Trachten verkauft. Ein idealer Ort für wagemutige Mode-Exzentriker. Aus irgendeinem Grund gibt es da auch noch eine große Auswahl an Tirolerhüten (für Herren und Damen), was in den kommenden Jahren einen neuen Trend befeuern könnte.

170 ANTIQUE AHASVER

Prokopská 3
Kleinseite ③
+420 257 531 404
ahasver.com

Es ist, als betrete man Omas Ankleidezimmer. Hier ist alles Erdenkliche erhältlich, von Trachten, Accessoires und Hochzeitskleidern bis hin zu Bettwäsche, Teegeschirr und Weihnachtsdeko. Ob Sie nach etwas Ausgefallenem oder nach einem Sammlerstück suchen: Das hier ist der perfekte Ort, um in die Welt von anno dazumal einzutauchen.

167 BOHO

5 wirklich einzigartige
CONCEPT STORES

171 **INGREDIENTS**
Jáchymova 2
Altstadt ①
+420 224 239 477
ingredients-store.cz

Ein gemeinsames Projekt von Jakub Kopčák und Lukáš Loskot will unkonventionelle Labels auf den tschechischen Markt bringen. Die Palette an Parfümen und Duftkerzen wird durch eine Auswahl an Naturfarben und dekorativer Kosmetik ergänzt. Doch alle Produkte haben eines gemeinsam: Sämtliche Zutaten sind absolut hochwertig.

172 **BISTRO NO. 19**
Karolíny Světlé 19
Altstadt ①
+420 776 797 242
no19.cz

Dieser Laden verkauft die besten Accessoires tschechischer und internationaler Designer für Küche, Kochen, Tischkultur. Ein kleines Bistro mit Galerie dient als Treffpunkt in Sachen hochwertige Lebensmittel, Design und Kunst für all jene, die genau das lieben und nutzen.

173 **CIHELNA**
Cihelná 2b
Kleinseite ③
+420 257 317 318
cihelnaprague.com

Ein Concept Store mit einer gut gemanagten Auswahl an Glas, Porzellan, Schmuck, Leuchten, Designobjekten und Möbeln aus Tschechien. Über 60 Verkäufer wechseln sich in dieser einzigartigen ehemaligen Ziegelei ab.

174 **SMETANAQ**
Smetanovo nábřeží 4
Altstadt ①
smetanaq.cz

Über dieses Gebäude wurde nach einer Gasexplosion 2013 landesweit in den Medien berichtet. Kürzlich hat es seine Pforten für Designer handgefertigter Mode und Schmuck wieder geöffnet. Im Laden werden ihre Kreationen verkauft, und im Parterre lockt ein trendiges Café. Auch Studios werden hier vermietet.

175 **VNITROBLOCK**
Tusarova 31
Holešovice ⑧
+420 770 101 231

Mit 2000 Quadratmetern ist das hier sicher der größte Concept Store für nachhaltige Mode und Interior Design in Prag. Hier gibt es wöchentlich Live-DJ-Sets, Kunstausstellungen, DIY-Workshops oder interessante Vorträge. Im Untergeschoss befindet sich ein kleines Kino, im Parterre ein Café mit tollem Kaffee und im 1. Stock eine Tanzschule.

174 SMETANAQ

5 *stylishe* DESIGNLÄDEN

176 **MODERNISTA**
IM VINOHRADSKY-PAVILLON
Vinohradská 50
Vinohrady ④
pavilon.cz

Zuerst Mühle und Fabrik, dann Markthalle und heute Tempel für Designermöbel mit einem Dutzend verschiedener Marken: von Modernista mit dem besten tschechischen Design des letzten Jahrhunderts, kubistischen Kronleuchtern bis hin zur Lieblingscouch von Adolf Loos oder zu berühmten Holzspielzeugen. Galerie für freie Kunst im Keller.

177 **HOLPORT**
Komunardů 32
Holešovice ⑧
+420 266 199 452
holport.com

Dieser riesige Showroom in einer ehemaligen Fabrik ist dank des hohen Ziegelschornsteins leicht zu finden. Zwei Stockwerke sind Konsepti-Möbeln gewidmet; im Dachgeschoss sind Artemide-Leuchten, während DesignSchool die Interior-Design-Ausbildung fördert.

178 **PAPELOTE**
Vojtěšská 9
Neustadt ②
+420 774 719 113
papelote.cz

2010 setzte Denisa Šachová ihre Diplomarbeit konkret um: mit originellen handgearbeiteten Notizbüchern und Briefpapier aus hochwertigem, ungebleichtem norwegischem Recyclingpapier. Bei dieser Kollektion will man spontan Briefe schreiben, egal wem!

179 HARDDECORE-GALERIE

Senovážné náměstí 10
Neustadt ①
+420 775 417 230
harddecore.cz

Dieser gemeinsame Showroom präsentiert die Arbeiten von Josefína und Petr Bakoš, einem Paar, das weltweit nach Inspiration sucht. Sie ist eine talentierte Modedesignerin, während sein Interesse allem gilt - von Schmuck bis hin zu Futterhäuschen -, solange es nachhaltig hergestellt wird. Ihr Studio im 3. Stock steht auch Besuchern offen.

180 LAVMI

Zlatnická 12
Neustadt ①
+420 230 234 974
lavmi.com

Lavmi, ein Laden zwischen Kunst und Interior Design, verkauft grellbunte Vliestapeten, Textilien mit geometrischen Formen und Fotoprints oder auch verspielte Uhren. Ein gemeinsames Projekt der Lebensgefährten Babeta Ondrová und Jan Slovák. Ihre riesigen Wandmalereien für Erwachsene oder flippigen Tiere für Kinder sind voll kreativer Energie. Eine Farbexplosion im grauen Alltag!

176 MODERNISTA

5 *interessante*
BUCHHANDLUNGEN

181 **BAOBAB**
Krymská 29
Vršovice ④
xaoxax.cz

Der Flagship Store eines Verlags, der sich auf Bildbände, moderne Illustration und Comics spezialisiert hat, darunter einige experimentelle Projekte mit sehr kleiner Auflage. Die gemütliche Räumlichkeit wird oft als Galerie, für Kinder-Workshops oder Buchpräsentationen benutzt. Noch keine Kinder? Keine Sorge, alle Junggebliebenen sind hier willkommen.

182 **K-A-V-K-A**
Krocínova 5
Altstadt ①
+420 606 030 202
kavkaartbooks.com

Diese elegante Buchhandlung beim Nationaltheater, ist auf schöne Künste und Fotografie spezialisiert. Es gibt eine kleine fremdsprachige Abteilung, viele weitere Bildbände sind zweisprachig. Verkauft werden auch Werke lebender tschechischer Künstler, die hier reinschauen, wenn sie in der City sind.

183 **AURORA**
Spálená 53
Neustadt ②
+420 222 362 756
eaurora.cz

Dieser Secondhand-Laden verkauft Bücher, Schallplatten, CDs und Karten; täglich gibt's Neues; gute Fremdsprachen-Abteilung im 1. Stock. Wenn Ihnen der Geruch neuer Bücher lieber ist, gehen Sie in den Shop vorn an der Straße.

184 **PAGEFIVE**
Veverkova 5
Holešovice ⑧
+420 774 262 553
pagefive.com

Dieser unabhängige Buchladen bietet ein breites Spektrum an Publikationen im Bereich Kunst, Design, Architektur, Fotografie und Lyrik, mit dem Ziel, die Arbeit junger Künstler und kultureller Meinungsmacher zu promoten. Er wird regelmäßig für Ausstellungen genutzt, z. B. im Rahmen des Cartoon-Festivals LUSTR.

185 **ARTMAP**
Vojtěšská 18
Neustadt ②
+420 773 679 612
artmap.cz

Nach einer Idee zweier Kunstfreunde, der Brüder Tomáš und Petr Hrůza, fing alles an: mit einer Kartierung moderner Kunstevents in den Prager Galerien. ARTMAP entwickelte sich dann allmählich in eine Buchhandlung mit einem breiten Sortiment (Design, Architektur und Grafik) sowie einer bunten Kinderabteilung. Eventplan mitnehmen!

184 PAGEFIVE

Die 5 besten Adressen für
UNGEWÖHNLICHE SOUVENIRS

186 **PRAGTIQUE**
IM PASÁŽ PLATÝZ (EINKAUFSZENTRUM)
Národní 37
Altstadt ①
pragtique.com

Schluss mit Matroschkas und kitschigen Kühlschrankmagneten! Hier können Sie kreative, handgefertigte Souvenirs von tschechischen Künstlern finden, u. a. Tassen mit Prager Panorama in Blaudruck, Taschen mit mosaikartigem Burgmotiv, Postkarten mit der beliebten Náplavka-Promenade und vieles mehr.

187 **SKOBA**
Křížkovského 10 (Eingang Ševčíkova 4)
Žižkov ⑤
+420 775 314 592
iskoba.cz

Haben Sie das Bedürfnis, all Ihre tollen Erinnerungen an Prag niederzuschreiben? Dann besuchen Sie Václav Pišoft, einen Grafikdesigner, der auf Buchbinden (auch Notizbücher) mit Umweltpapier und auf Textilien umgestiegen ist. So erhalten Ihr Lieblingsshirt oder Ihre Schürze eine persönliche Note.

188 **ANALOGUE**
Vlašská 10
Kleinseite ③
+420 603 530 035
analogue.cz

Diese skurrile Galerie will Fans analoger Fotografie anregen, insbesondere mit Lomografie. Ob klassische oder moderne oder einfache Lochkameras, Filter, Beleuchtung und Accessoires – alles da! Sogar eine Dunkelkammer kann man mieten, um Schnappschüsse zu entwickeln.

189 KOH-I-NOOR

Na Poříčí 23
Neustadt ①
+420 739 329 697
koh-i-noor.cz

Im Parterre des Kaufhauses Bílá labuť findet man einen offiziellen Schreibwarenladen, der alle möglichen Koh-i-Noor-Produkte verkauft. Seit 1790 hat die Firma eine Reihe von Produkten für Künstler, Schulen und den Bürobedarf entwickelt, u. a. Zeichenstifte, Minen, Sepiakreiden, Tinten, Zeichenkohle, Öl- und Aquarellfarben. Der Graphitstift 1500 ist der beliebteste Stift weltweit.

190 THUN

Vinohradská 61
Vinohrady ④
+420 222 230 579
thun.cz

Ein toller Ort für erstklassiges tschechisches Porzellan und Glas zu fairen Preisen: von traditionellen Cibulák-Blaudrucken und elegantem Bernadotte-Essgeschirr bis hin zu minimalistischen Teeservicen im Skandi-Style. Eine Karaffe aus Bleioxidglas funkelt in allen Regenbogenfarben – ein Unikat für Ihr Zuhause. Zuerst das Gepäcklimit prüfen!

190 THUN

Die 5 interessantesten
MÄRKTE

191 **MARKT VON HOLEŠOVICE**
Bubenské nábřeží 13
Holešovice ⑧
+420 220 800 592
prazska-trznice.cz

Sehen Sie sich in der Halle 22 mit einer tollen Auswahl an Obst und Gemüse um. Dort gibt es auch einen kleinen Stand mit usbekischen Spezialitäten, und nach dem Eingang werden Sie eine slowakische Bäckerei mit Kuh- und Schafsmilchprodukten entdecken. In Halle 28 befindet sich die mährische »Weinbank« mit 800 verschiedenen Flaschen.

192 **SAPA**
Libušská 126
Libuš
+420 604 565 920
sapamapa.cz

Auf dem Tor zum Sapa-Markt steht »Kính chào qúy khách«, im Volksmund heißt er Klein Hanoi. Es ist aber nicht nur eine reine Shopping-Location, sondern auch das Kulturzentrum der größten vietnamesischen Community von Prag. Sogar eine eigene Miss-Wahl gibt es! Bei Hue Xra können Sie die beste Bun Bo Hue (Suppe mit Reisnudeln und Rindfleisch) probieren.

193 BAUERNMÄRKTE

(verschiedene Orte)
farmarsketrziste.cz
farmarske-trhy.cz

Nach zwei Shopping-Jahrzehnten in Supermärkten besinnen sich die Tschechen wieder auf ihre Wurzeln – man kauft auf Bauermärkten ein. Dafür gibt es drei wichtige Locations: mittwochs, donnerstags und freitags in der Jiřího z Poděbrad und samstags an der Náplavka-Promenade oder am Vítězné náměsti in Dejvice.

191 MARKT VON HOLEŠOVICE

194 KOLBENKA BLĚSÍ TRHY

U Elektry
Vysočany
+420 733 785 540
blesitrhy.cz

Prags größter Flohmarkt wird jedes Wochenende (von 6 bis 15 Uhr) in einem Gewerbegebiet neben einer Eisenbahnstrecke abgehalten. Auf 50 000 Quadratmetern kann man alles finden, von Werkzeugen bis hin zu Musikinstrumenten, außerdem Geschirr und Fahrräder, Tiergeweihe und Weinachtsdeko. Alles, was man braucht, ist etwas Geduld zum Stöbern.

195 MANIFESTO-MARKT

Na Florenci
Karlín ⑥
manifesto.city

Ein tolles Beispiel, wie man einen öffentlichen Raum nahe einer vielbefahrenen Autobahn wiederbelebt. Europas erster bargeldloser Kultur- und Gourmetmarkt besteht aus 27 Containern, prallvoll mit Kunst, Klamotten, Cafés und Unterhaltung. Täglich bis 22 Uhr geöffnet (außer Januar und Februar). Tolles Ambiente!

5 verlockende

DELIS

196 **OLYMPIA**
Radhošťská 1
Vinohrady ⑤
+420 724 325 502
recky-obchod.cz

Der Ort, um verschiedene griechische Produkte wie etwa Oliven und Olivenöl, Joghurt, Meeresfrüchte, Halumi, Honig, Wein und Retsina einzukaufen. Das Motto »Taste Greece« stimmt mit dem Essen und der Freundlichkeit des Personals überein.

197 **SVÁČEK**
Štefánikova 33
Smíchov ⑦
+420 606 389 765
lahudkarstvisvacek.cz

Einer der größten Feinkostläden (mit zwei weiteren Filialen) mit einer erlesenen Auswahl an Räucherschinken und Fleischsorten aus Italien, Frankreich, Spanien und den Balkanstaaten sowie Käse und Antipasti. Traditionelle tschechische Produkte, u.a. Weine, sind ebenfalls erhältlich. Sehr hilfsbereites Verkaufspersonal.

198 TESORI D'ABRUZZO

Klimentská 34 (Passage)
Neustadt ②
+420 608 367 403

Nirgendwo sonst in Prag werden Sie eine so große Trüffeldichte pro Quadratmeter finden. In diesem winzigen Laden verkauft Chiara Gregoraci Bioprodukte (von Pasta bis hin zu Käse und Aperitivos) aus ihrer Heimatregion Abruzzen; dabei enthalten alle Produkte den »schwarzen Diamanten«. Sie empfiehlt gern die dazu passenden Weine.

200 MERCATO

199 **ZLATÝ KŘÍŽ**
Jungmannova 34
Neustadt ①
+420 222 519 451
lahudkyzlatykriz.cz

Dieser Ort sieht mit seinen müde dreinschauenden Verkaufshilfen und verblichenen Fotos an den Wänden ziemlich altmodisch aus. Der älteste Feinkostladen in Prag bietet aber über 50 Arten von *chlebíček* und ist jeden Tag rappelvoll. Der Mayonnaise-Selleriesalat ist legendär, jedoch wird nach Gewicht bezahlt; einfach noch was Anderes probieren – vor Ort oder zum Mitnehmen!

200 **MERCATO**
Pobřežní 42
Karlín ⑥
+420 731 636 318
mercato.cz

Das Gourmet-Bistro hat aufgemacht, um die kulinarischen Produkte zu promoten, die in zwei gehobenen Restaurants der gleichen Gruppe verwendet werden. Hier kann man Wein, Käse, Würstchen und Öle genießen, die alle von kleinen und mittelständischen europäischen Erzeugern zum Mitnahmepreis bezogen werden. Probieren Sie das geräucherte Paprikapulver, das alle spanischen Rezepte aufpeppt.

Die 5 besten
SPIRITUOSENLÄDEN

201 **WAREHOUSE #1**
Sokolovská 105
Karlín ⑥
+420 608 520 526
warehouse1.cz

Das Einzelhandelsgeschäft befindet sich unter dem Hauptsitz einer Importfirma für Qualitäts-Spirituosen. Brauchen Sie eine Flasche, um eine Party aufzupeppen, einen Triple-A-Wein oder etwas für Ihren Privatbestand (vielleicht einen seltenen, 40 Jahre alten japanischen Whisky)? Das alles gibt es hier – und sogar noch mehr!

202 **TRETTER'S GALLERY SPIRITS SHOP**
Kozí 9
Altstadt ①
+420 224 815 848
tretters-spirits.cz

Ein Ort, um schickes Barkeeper-Equipment zu kaufen sowie Premium-, Investitions- und Auktionsalkohol, exklusive Weine und Champagner. Hier wurde ein »Flaschen-Anteil-Konzept« eingeführt – nach Online-Bezahlung seines Anteils kann man verkosten, ohne die ganze Flasche zahlen zu müssen – statt des Antrags auf eine Barlizenz.

203 MUZEUM MEDOVINY/ MET-MUSEUM

Na Zderaze 14
Neustadt ②
+420 775 633 077
muzeummedoviny.cz

Met (Honigwein) ist angeblich die älteste Spirituose der Welt. Dieses kleine Museum mit Laden hat über hundert verschiedene Sorten; ein Drittel davon wird von slowakischen Herstellern bezogen. Täglich können bis zu 20 Varianten verkostet werden, u. a. Met-Mojito.

204 ABSINTHERIE

Jilská 7
Altstadt ①
+420 224 251 999
absintherie.cz

Nur nippen, nicht kippen! Dieser hochprozentige Schnaps wird auch manchmal Grüne Fee genannt. Erfahren Sie mehr über seine Geschichte, den Unterschied zwischen Schweizer und tschechischem Absinth, und probieren Sie ein saisonales Absinth-Eis. Keine Sorge: Die psychedelischen Bilder an den Wänden sind wirklich da. Oder etwa nicht?

205 BECHEROVKA

Václav-Havel-Flughafen Prag
becherovka.com

Becherovka ist ein traditioneller Likör auf Basis einer geheimen Mischung aus zwanzig Kräutern und Gewürzen. Wer noch keine Gelegenheit hatte, diesen besonderen Digestif zu verkosten, sollte das vor der Abreise unbedingt tun. Hervorragend sowohl pur wie auch in Cocktails, auf der Website findet man eine lange Liste.

Die 5
ORIGINELLSTEN LÄDEN

206 **U SALVÁTORA**
Náprstkova 2
Altstadt ①
+420 222 221 161
prodejnausalvatora.cz

Diesen familienbetriebene Gewürzladen gibt es seit fast 50 Jahren. Mit seinem süßen Duft, der Holzvertäfelung und einer alten Registrierkasse erinnert er an die guten alten Zeiten. Bekannt ist er für seine Mischungen für Fleisch, doch kann man auch verschiedenste Salze kaufen.

207 **GUMA**
Ječná 24
Neustadt ②
+420 224 918 411
gumapraha.cz

Seit 1937 gibt es hier ein ungewöhnliches Angebot an Gummi- und Schaumstoffware, Klebern, Dichtmittel, Folien und Linoleum. Brauchen Sie eine Dichtung, ein Stück Schlauch oder einen Regenmantel? Alles da! Auch eine fantastische Auswahl der berühmten Gummitiere von Libuše Niklova.

208 **MILITARY ANTIQUES**
Charvátova 11
Neustadt ①
+420 602 294 134

Dieser kuriose Laden in einer Nebenstraße der Národní sieht aus wie ein Zwischending aus altem Waffendepot und Museum. Hier wird alles verkauft, von Gestapo-Ledermänteln, Gasmasken und Feldflaschen bis hin zu Patronen und Säbeln, u.a. ein Säbeltyp, mit dem Napoleon in Waterloo besiegt wurde.

209 SEILE VON ÚJEZDĚ

Vítězná 10
Kleinseite ③
+420 776 886 449
provaznictvi.cz

Vor ca. 200 Jahren gründete der Ururgroßvater des aktuellen Inhabers einen kleinen Laden an der Moldau – wo man naturgemäß Taue und Netze kauft. Nach dem Bau der Schiffsschleuse im Stadtteil Smíchov vor dem Ersten Weltkrieg florierte sein Geschäft. Hier erst merkt man, in wie vielen Lebensbereichen man ein Seil braucht.

210 AZBUKA CHUTÍ

Štefánikova 25
Smíchov ⑦
+420 777 340 445

Azbuka (kyrillisches Alphabet) des Geschmacks! Man meint zwar, dass dieser Laden ein kleines Angebot hat. Und doch mögen viele Russisch sprechende Kunden die gute Auswahl an Kaviar und eingelegtem Fisch. Mit einem Schaumwein von der Krim, Rotwein aus Georgien oder armenischem Cognac runterspülen!

207 GUMA

5 unwiderstehliche
SÜSSWARENGESCHÄFTE

211 **SAINT TROPEZ**
Vodičkova 30
Neustadt ②
+420 603 333 338
cukrarnatropez.cz

Schwer zu finden im Labyrinth der überdachten Passagen, doch die Mühe lohnt sich. Mit handgefertigten Süßwaren nach Familientradition hat dieses kleine Juwel eine Filiale an der Côte d'Azur; sein Einfluss ist also eindeutig. In kleinen Workshops wird das Know-how weitergegeben.

212 **ELVÍRA**
Zelená 4
Dejvice ⑨
+420 776 596 481

Beim Bestellen hat man hier wirklich die Qual der Wahl – Käsekuchen, Esterhazytorte oder Zartbitterschokolade? Und dann – sollte man nur bewundern, wie schön sie sind, oder sie wirklich essen? Das freundliche, junge Personal wird Ihnen gerne behilflich sein.

213 **PERNÍČKŮV SEN**
Haštalská 21
Altstadt ①
+420 607 773 350
pernickuvsen.cz

Hänsel und Gretel hätten diesen Laden voll duftender Lebkuchen gemocht. Und hier warten keine Hexen, nur zwei freundliche Schwägerinnen und der wunderbare Duft von Zimt und Anis. Probieren Sie Sakrajda, einen Strudel mit Pflaumenkonfitüre und Walnüssen.

214 CHOCO-CAFÉ

Klimentská 34
Neustadt ①
+420 212 242 519
choco-cafe.cz

Ein Ort für echte Schokoladenkenner; alle Schokoladen haben eine Herkunftsbezeichnung. Aus Nord- und Südamerika oder Madagaskar, mit Ingwer, Obst, Alkohol, zuckerfrei oder in Form von Pralinen. Wer vor Ort zu viel davon erwischt, der nehme sich hausgemachte Schokotafeln auf Vorrat mit.

215 IF CAFÉ

Belgická 30
Vinohrady ④
+420 608 773 399
ifcafe.cz

Iveta Fabešová hat sich vor langer Zeit in alles Französische verliebt. In ihrem Café bereitet sie feines Naschwerk zu, u. a. die beliebten Macarons. Gleich an der Tür schlägt einem der süße Geruch entgegen und lotst die Nase in die Küche, wo die ganze Zauberei geschieht. Nach der stimmungsaufhellenden Pistazienpaste oder dem salzigen Karamel fragen!

211 SAINT TROPEZ

5 *wunderbare*
EISDIELEN

216 **PURO GELATO**
Na Hrobci 1
Neustadt ②
+420 721 438 209
purogelato.cz

Wenn Sie die Náplavka entlang bummeln, dann bewaffnen Sie sich mit etwas Leckerem! Bei Puro Gelato werden täglich Gelati und Sorbets in großer Vielfalt und aus frischen, natürlichen Zutaten zubereitet. Die Arbeit wird hier sehr ernst genommen, also bitte nicht schnöde von »Eis« sprechen!

217 **CRÈME DE LA CRÈME**
Husova 12
Altstadt ①
+420 224 211 035
cremecreme.cz

Nur Sie selbst können beurteilen, ob es hier wirklich das beste Eis in Prag gibt. Probieren Sie an einem heißen Tag Lavendel- oder Erdbeer-Basilikum-Eis oder im Winter vegane Pancakes. Eine willkommene Naschpause zwischen Altstädter Ring und Karlsbrücke.

218 **PARLOR**
Křižíkova 37
Karlín ⑥
+420 724 518 080
parlor.cz

Auf seinen Reisen durch die USA stieß Lukáš Prokop auf dieses Eis-Sandwich-Konzept, war Feuer und Flamme und brachte es in seine Heimat. Hier werden hauseigene Kekse gebacken und das beste Eis in der Stadt verwendet. Die Gin-Auswahl für den »Feier-Abend« ist im Viertel genauso beliebt.

219 **ZMRZLINÁŘ**

Slezská 15
Vinohrady ④
+420 733 785 657
zmrzlinar.cz

Nachdem seine italienische Lieblings-Gelateria zugemacht hatte, beschloss Darek Hrivňák, dass seiner Heimatstadt diese Spezialität nicht länger vorenthalten bleiben sollte. Sein Gelato erwies sich als Hit, und er eröffnete einen Laden. Bei den vielen Geschmacksrichtungen hat man die Qual der Wahl, aber fragen Sie ruhig nach einer Kostprobe. Schon mal Weißdorn-Sorbet gegessen?

220 **AMATO**

Heřmanova 61
Holešovice ⑧
+420 223 016 223
gelateriaamato.cz

Nach 15 Jahren in einem multinationalen Unternehmen beschloss Pietro Amato seiner Leidenschaft für Süßigkeiten zu folgen. Seine Mischung aus Milch und Obst lokaler Bauern mit sizilianischen Nüssen und Zitrusfrüchten wurde schnell ein Renner. Bestseller ist nach wie vor salziges Karamell, aber er kreiert Woche für Woche überraschende Neuheiten – wie Gorgonzola oder Rote Bete.

Die 5 besten
METZGEREIEN

221 **PRESTO MEAT MARKET**
Vítkova 11
Karlín ⑥
+420 732 326 666
meat-market.cz

Ein zunehmend beliebtes Konzept aus Metzgerei und Gourmet-Bistro nebeneinander. Hier gibt es zartes Rindfleisch, Lamm und hochwertiges Geflügel von tschechischen Bauernhöfen. Wer sich in puncto Zubereitung eines schönen Stücks Fleisch nicht sicher ist, der mache bei einem der Koch- oder Grillkurse mit!

222 **PRAŽSKÉ ŘEZNICTVÍ**
Vinohradská 108
Vinohrady ⑤
+420 725 157 980
prazskereznictvi.cz

Ein Metzger, der auch ein Meister der traditionellen tschechischen Küche ist. Hier werden hochwertige Produkte verkauft und Rezepte nach Großmutterart empfohlen. Die Auswahl reicht von Kaninchen, Huhn, Geflügelleber oder Rindfleisch für Tatar bis hin zu Wurst und Käse. Im Bistro gibt's leckeres Fast Food.

223 **U DOLEJŠÍCH**
Na náměstí 97
Davle
+420 257 770 039
dolejsi.cz

Wem es nichts ausmacht, für Spitzenfleisch die Stadt zu verlassen, der besuche Davle. Seit 1901 führt dort die Metzgerfamilie Dolejších einen Betrieb, der für seine Qualität und Kundennähe bekannt ist. Ihre Schinken und Würstchen schmecken himmlisch!

224 THE REAL MEAT SOCIETY

Náplavní 5
Neustadt ②
+420 739 022 597
trms.cz

»Von Schnauze bis Schwanz«, so lautet hier die Regel, d.h. kein Teilstück eines Tieres sollte verschwendet werden. Die Biometzgerei von Michaela und Paul Day arbeitet nur mit kleinen Höfen zusammen, wo die Tiere im Freien leben und ohne Transportstress direkt von der Weide in den Schlachthof wandern.

225 NAŠE MASO

Dlouhá 39
Altstadt ①
+420 222 311 378
nasemaso.ambi.cz

Hier wird das von der Restaurantkette Ambiente verwendete Spitzenfleisch verkauft, außerdem zartes Rindfleisch von tschechischem Fleckvieh, saftige Stücke von Prestice-Schweinen und hausgemachte Würstchen. Im Laden (am Ende des Durchgangs links) gibt es auch Fleisch zum Mitnehmen. Die lange Warteschlange draußen gilt dem Bistro, dessen Duft bis zur Straße weht.

225 NAŠE MASO

227 **BASILIKA ST. JAKOB**

30 GEBÄUDE ZUM BESTAUNEN

5 *einzigartige* KIRCHEN

226 HERZ-JESU-KIRCHE

Nám. Jiřího z Poděbrad
Vinohrady ④
+420 222 727 713
srdcepane.cz

Von dem slowenischen Architekten Josip Plečnik erbaut, kombiniert diese Kirche verschiedene Stilrichtungen. Im Inneren herrschen einfache geometrische Formen vor. Die gewaltige Holzdecke hängt an Metallträgern, die aber im Dachboden verborgen sind. Die plastische Fassade spielt mit Licht und Schatten und changiert je nach Sonnenstand.

227 BASILIKA ST. JAKOB

Malá Štupartská 6
Altstadt ①
+420 224 828 814
praha.minorite.cz

Das unauffällige äußere Erscheinungsbild dieser großen Basilika steht in klarem Kontrast zu ihren Goldverzierungen im Inneren. Sie birgt auch eine berühmte Orgel von 1705. Jeden Sonntag um 10 Uhr kann man ihre 4 Manuale, 91 Register und 8277 Orgelpfeifen hören.

228 EVANGELISCHE KIRCHE

Náměstí Před Bateriemi
Střešovice ③

Diese namenlose Kirche (1930) ist ein wichtiges Baudenkmal des Funktionalismus. Der Architekt wollte damit ein Gotteshaus schaffen, das an christliche Basiliken erinnert. Die Reinheit ihres Stils verleiht ihr im umgebenden Villenviertel einen dominierenden Charakter.

229 JERUSALEM-SYNAGOGE

Jeruzalémská 7
Neustadt ①
+420 224 800 849
synagogue.cz

Die jüngste Synagoge, erbaut als Ersatz für drei Synagogen, die bei der Räumung des Elendsviertels Josefov Ende des 19. Jahrhunderts abgerissen wurden. Dieses sehr großzügig proportionierte Gebäude, das im Inneren durch seinen maurischen Stil verblüfft, kann von April bis Oktober gegen eine kleine Eintrittsgebühr besichtigt werden.

230 KIRCHE DES HL. GABRIEL

Holečkova 10
Smíchov ⑦
+420 244 463 675
beuron.cz

Am Südhang des Petřín-Hügels steht das Benediktinerinnenkloster des heiligen Gabriel und seine neoromanische Basilika. Das Kircheninnere wurde vom Orden vor der Flucht im Jahr 1919 ausgestaltet. Die erlesenen Fresken der Beuroner Schule kann man aber nur während der Messe (sonntags um 11.15 Uhr) oder im Rahmen einer Führung betrachten.

227 BASILIKA ST. JAKOB

5 herrliche JUGENDSTIL-BAUTEN

231 HOTEL CENTRAL

Hybernská 10
Neustadt ①
+420 225 022 000
kkhotels.com/en/prague/hotel-central

Dieses imposante Hotel war das allererste Jugendstilgebäude in Prag. Es hat eine Fassade mit schönen floralen Ornamenten. Das Treppenhaus und der Aufzugsbereich sind kunstvoll verziert. Leider wurde die Haupthalle (das Foyer des ehemaligen Theaters) in zwei Stockwerke aufgeteilt, um einen Konferenzraum und ein Restaurant unterzubringen. Schauen Sie sich dort mal um...

232 ČECH-BRÜCKE

Verbindet Letná-Park mit dem Jüdischen Viertel
Altstadt ①

Vielleicht die kürzeste Prager Brücke, aber auch das größte kunstvolle Bauwerk im Lande. Beachten Sie die vier Genien auf den glasierten Laternen über den 18 Meter hohen Stützpfeilern. Über dem Wasser schweben bronzene, sechsköpfige Hydras und Fackelträgerinnen.

233 HAUPTBAHNHOF

Wilsonova 8

Neustadt ①

In der vor Kurzem renovierten Bahnhofshalle befindet sich das Fanta-Café (eine Hommage an seinen Architekten). Unter der Kuppel werden die Bahnreisenden mit goldenen Buchstaben daran erinnert, dass sie in der »Mutter der Städte« angekommen sind. Die Heraldik bezieht sich häufig auf tschechische Städte, die in den Alten Zeiten über die Schiene mit Prag verbunden waren.

234 ST.-ADALBERT-KIRCHE

U Meteoru
Libeň ⑧
+420 283 892 404

Bemerkenswert wegen der vertikalen Mauerkonstruktionen in Verbindung mit einem kompliziert gestalteten hölzernen Dachstuhl. Während der Messe dienstags und samstags um 17 Uhr und sonntags um 10 Uhr öffentlich zugänglich. Direkt gegenüber steht ein weiteres sehenswertes Jugendstilgebäude, das Sokol-Haus.

235 BÍLEK-VILLA

Mickiewiczova 1
Hradčany ③
+420 233 323 631
ghmp.cz

»Erstaunen«, so heißt die riesige Statue von František Bílek in seinem Atelier; Sie werden aber auch staunen, wenn Sie in seine mystische Jugendstilvilla eintreten. Die Wohnräume der Familie besaßen keine Türen, um die Energie fließen zu lassen. Der tempelartige Charakter geht jedoch auf Bíleks Konfession zurück: Er bekannte sich zur christlich reformierten Kirche.

Die 5 außergewöhnlichsten
VILLEN

236 **VILLA ROTHMAYER**
U Páté baterie 50
Břevnov ③
+420 224 312 012
muzeumprahy.cz

Die Gestaltung der Privatvilla von Architekt Otto Rothmayer ging direkt auf seinen Lehrmeister Plečnik zurück, für den er größere Umbauten in der Prager Burg ausführte. Von dort »entliehene« Materialien sind überall in seiner mediterran anmutenden Villa zu finden. Sie kann in kleinen Gruppen besichtigt werden, Reservierung ist erforderlich.

237 **VILLA PELLÉ**
Pelléova 10
Bubeneč ⑨
+420 224 326 180
villapelle.cz

Die große Villa im Stil der Neorenaissance wurde nach einem französischen General benannt – und nicht etwa nach dem brasilianischen Fußballspieler Pelé. Ihre Fassade ist aufwendig verziert mit Sgraffito-Technik und gut erhaltenen Stuckresten. Die vier Stockwerke teilen sich eine Kunstgalerie und ein Kulturzentrum.

238 **TRMAL-VILLA**
Vilová 11
Strašnice
+420 274 777 308
trmalovavila.cz

Seine Inspiration für diese Villa bezog der berühmte Architekt Jan Kotěra aus englischen Landhäusern. Das Ergebnis ist ein einzigartiges Beispiel für geometrische Jugendstil-Ornamentik in Verbindung mit ländlicher Architektur und slawischen Bautraditionen. Die bunte Holzvertäfelung des zentralen Stiegenhauses ist überwältigend.

239 **VILLA MÜLLER**

239 VILLA MÜLLER

Nad Hradním vodojemem 14
Střešovice ③
+420 224 312 012
muzeumprahy.cz

Mit Schweizer Marmor und Pariser Stoffen hat Adolf Loos diese Villa eindeutig repräsentativ gestaltet. Ihr Stil ist streng, aber luxuriös und zugleich zweckmäßig. Das funktionalistische Erscheinungsbild steht in Kontrast zu einer großzügigen Innenaufteilung. Das Ticket für diese Villa und die Rothmayer-Villa gemeinsam ist im Preis reduziert.

240 VILLA AMERICA/ DVOŘÁK-MUSEUM

Ke Karlovu 20
Neustadt ②
+420 224 918 013
nm.cz

Als die Villa von Kilian Ignaz Dientzenhofer, dem Hauptarchitekten des tschechischen Barocks, gebaut wurde, stand dieses Haus noch weit außerhalb Prags. Die Haupthalle ähnelt einem Musentempel mit Fresken, auf denen griechische Gottheiten dargestellt sind. Es werden oft Konzerte veranstaltet, denn das Musikmuseum hat hier eine Dauerausstellung zu Antonín Dvořák eingerichtet.

5 *versteckte*
ÜBERDACHTE PASSAGEN

241 **LUCERNA, ROKOKO UND U NOVÁKŮ**
Vodičkova 36
Neustadt ②

Diese drei Passagen, nur ein paar Schritte von der belebten Vodičkova, haben den ganzen Häuserblock geradezu durchlöchert. Hier trifft man auf Eltern, die ihren Nachwuchs zur Kinomatinée begleiten, Teenager auf dem Weg zu ihrem Abschlussball oder Rocker unterwegs zum einem Livekonzert. Beachten Sie auch das Reiterstandbild des heiligen Wenzel.

242 **SVĚTOZOR UND U STÝBLŮ**
Vodičkova 39
Neustadt ②

Zwei miteinander verbundene Passagen, die unterschiedlicher nicht sein könnten: Während es in der Světozor von Kinogängern, Eis- und Sushi-Freunden wimmelt, ist die U Stýblů kulturell fast unbelebt. Machen Sie dort eine Pause und bewundern Sie das Tesla-Mosaik, eine Werbung (1947) für den tschechischen Elektronik- und Radioproduzenten. Außerdem das Licht, das durch die Glasziegel-Decke einfällt.

243 PALAIS KORUNA

Václavské náměstí 1
Neustadt ①

Dieses späte Jugenstilpalais wurde für eine Bank erbaut und hatte auch ein Spa, ein Kino und ein Kabarett. Zwischen den Kriegen standen hier die Leute für *chlebíčeks* und Limonade aus den ersten Getränkeautomaten an. Heute gibt es hier traurige Beispiele dafür, wie weit Privatisierung gehen kann.

242 SVĚTOZOR UND U STÝBLŮ

244 PASSAGE FÜR TSCHECHISCHES DESIGN

Na Příkopě 24
Neustadt ①

Diese Passage unter der tschechischen Nationalbank zeigt alle drei Monate die Arbeit progessiver Nachwuchstalente. Machen Sie einen Schaufensterbummel (Möbel, Schmuck und Geschirr), besuchen Sie eines der Ateliers oder treffen Sie Schriftsteller. Oder aber beobachten Sie beim Kuchenessen von einem In-Café aus die Passanten.

245 PALAIS ADRIA

Národní 38
Neustadt ①

Dieses Wunderwerk des Rondokubismus wurde in den 1920ern von einem italienischen Versicherungsunternehmen namens Riunione Adriatica di Securità erbaut. Mitten vor der Fassade steht eine riesige neoklassizistische Figurengruppe (»Seefahrt«), das Innere ist mit Marmor und Kupfer verziert. Suchen Sie nach dem Stiegenhaus B und fahren Sie mit dem alten Aufzug.

Die 5 interessantesten

RELIKTE DES KOMMUNISMUS

246 **HOTEL INTERNATIONAL**
Koulova 15
Dejvice ⑨
+420 296 537 111
internationalprague.cz

Größtes Beispiel des sozialistischen Realismus in Prag. Im Keller befand sich ein Atomschutzbunker, der für zwei Wochen 600 Menschen unterbringen konnte. Später wurde er zu Umkleideräumen für das Personal. Der Stern, das Symbol des Sowjetkommunismus, blieb auf dem Turm, wurde jedoch grün angemalt.

247 **WARENHAUS KOTVA**
Náměstí republiky 8
Altstadt ①
+420 224 801 111
od-kotva.cz

Brutalismus-Fans werden den Grundriss schwarzer Hexagone aus Rohbeton mögen. Die versetzt angeordneten Blöcke symbolisieren den Wohlstand und die Fülle des Sozialismus. Herrliche Ausblicke auf die Stadt von der Dachterrasse.

248 **STRAHOV-STADION**
Vaníčkova 6
Břevnov ③

Das größte Stadion der Welt mit Platz für 250 000 Zuschauer! Die riesigen Innenflächen mit neun Fußballplätzen wurden für die Spartakiaden genutzt, Massensport-Events, um die Befreiung der Tschechoslowakei durch die Rote Armee zu feiern. Die Instandhaltung erwies sich in letzter Zeit als zu kostspielig, und so entstand eine Urbex-Location.

249 **GEBÄUDE DER TSCHECHOSLOWAKISCHEN BUNDESVERSAMMLUNG**

Vinohradská 1
Vinohrady ④②

Der ehemalige Hauptsitz der Bundesversammlung. In den 1990ern hatte hier Radio Free Europe seinen Sitz, heute ist es ein Teil des Nationalmuseums. In den späten 1960ern erbaut, wandte man bizarrerweise die Dachstuhltechnik mit Vierendeelträgern an, die zur etwa gleichen Zeit für die FBI-Zentrale in Washington verwendet wurde.

250 **NEUE BÜHNE DES NATIONALTHEATERS**

Národní 4
Neustadt ②
+420 224 901 448
narodni-divadlo.cz

Die Neue Bühne des Nationaltheaters konzentriert sich auf moderne Projekte. Sie wurde in den 1980ern mit über 4000 Glasbausteinen erbaut, um eine bessere Akustik zu erhalten. Vergessen Sie auf Ihrem Weg zum Nona-Café (1. Stock) nicht, die beeindruckenden Büsten zu bewundern, die entlang der gesamten Gebäudehöhe im Treppenhaus verteilt sind.

250 NEUE BÜHNE DES NATIONALTHEATERS

5 versteckte Juwelen des

KUBISMUS

251 **VILLA KOVAŘOVIC**
Libušina 3
Vyšehrad ②

Die den Werken von Georges Braque und Pablo Picasso nachempfundene Fassade erzeugt interessante Schatten- und Lichtspiele. Die Villa selbst und die Gartenanlage, die Blumenbeete und die Umzäunung und sogar die Treppenstufen sind kubistisch gestaltet. Die beste Ansicht zeigt sich von vorne, an der Ecke Vnislavova / Rašínovo nábřeží.

252 **U NEKLANA**
Přemyslova 11
Vyšehrad ②

Der einfache Wohnblock am Eck ähnelt einem Schiff, das an den Festungsmauern von Vyšehrad verankert liegt. Die ursprünglichen Pläne sahen viel mehr Prunk vor, aber der konservative Stadtrat der Vorkriegszeit wollte davon nichts hören. Die markantesten Elemente sind die hexagonalen Fenster, durch die man einen Blick ins Innere werfen kann.

253 KUBISTISCHE LATERNE

Jungmannovo náměstí
Neustadt ①

Zwischen den Hausnummern 13 und 14 steht die einzige kubistische Straßenlaterne der Welt. Der original erhaltene Laternenpfahl aus übereinandergesetzten Beton-Kegelstümpfen (halb Laterne, halb Sitzbank) wird heute in der Galerie der Hauptstadt Prag aufbewahrt. Nahe dem Kircheneingang steht dafür heute eine authentische Kopie.

254 HAUS DER SCHWARZEN MADONNA

254 **HAUS DER SCHWARZEN MADONNA**

Ovocný trh 19
Altstadt ①
+420 778 543 901
czkubismus.cz

Was geschieht, wenn ein kubistisches Gemälde in 3-D verwandelt wird? Diese Frage stellte sich Josef Gočár, als er beschloss, diese künstlerische Maxime bei Architektur und Innenausstattung gleichermaßen anzuwenden. Besuchen Sie die tschechische Kubismus-Ausstellung und kehren Sie in das Café Grand Orient ein, um ein kubistisch geformtes Plunderstück zu naschen.

255 **BETHLEHEMSKAPELLE**

Prokopova 4
Žižkov ⑤

Das goldene Banner über dem Altar postuliert »Wahrheit hat Vorrang«. Für eine protestantische Kapelle ist das Innere ziemlich prunkvoll. Die Wände zieren geometrische Muster in warmen Farbtönen. Ein solches Juwel in einem grünen Innenhof zu finden, ist ebenfalls überraschend. Montagabends finden hier immer Chorproben statt.

315 TECHNISCHE NATIONALBIBLIOTHEK

FREE DOM
SOCIETY
POLITICS
b
BIBLE
GOOGLE
REFORM
TRAGEDY
STATISTICS
3
4

75 ORTE ZUM ENTDECKEN

5 *atemberaubende* AUSBLICKE

256 **HANAVSKÝ-PAVILLON (HANAU-PAVILLON)**
Letenské sady 173
Holešovice ⑧

Das imposante Eisenbauwerk der Slowakischen Eisenhütte wurde für die Jubiläumsausstellung 1891 zu repräsentativen Zwecken erbaut. Heute genießt man hier von der Terrasse eines Restaurants (Touristenfalle!) einen herrlichen Panoramablick über neun Moldaubrücken.

257 **GLOCKENTURM DES HL. NIKOLAUS**
Malostranské náměstí
Kleinseite ③
(Bushaltestelle Dívčí hrady)

Das beeindruckendste Beispiel des Barocks in Prag (und generell nördlich der Alpen) und zufälligerweise der als letzter erbaute »Stadtschreier«-Turm in Prag. Komischerweise war es eher ein Städtischer Glockenturm als ein Kirchturm. Über 299 Stufen geht es hinauf zu einem spektakulären 360-Grad-Blick.

258 **DÍVČÍ HRADY**
GPS: 50.0511897N, 14.4042803E
Tetínská
Radlice ⑦
(Bushaltestelle Dívčí hrady)

Ein geheimnisvoller Ort, wo einst (vor dem Aufstand der Böhmischen Stände gegen die schwedische Besatzung) am Moldauufer gegenüber Vyšehrad die Maidenburg stand. Später wurde sie durch einen Wasserturm ersetzt – ein perfektes Fleckchen für ein Picknick mit Aussicht!

259 **KOMMANDOZENTRALE DES PRAGER WIDERSTANDS (TUNNELSYSTEM)**
Šermířská 11
Břevnov ③
(Bushaltestelle Strahov)

Von der Empore des würfelförmigen Gebäudes schweift der Blick gen Süden und Osten bis nach Pakrác, einem modernen Wohnblockviertel inklusive Stadtgefängnis. Rechts davon ist die Kathredale von St. Paul und St. Peter am Vyšehrad zu erkennen, wo einst die böhmischen Könige residierten.

260 **KLOSTER STRAHOV**
Strahovské nádvoří
Strahov ③
(Tramhaltestelle Pohořelec)

Halten Sie sich nach dem Eintreten in den Klosterinnenhof rechts und gehen Sie bis zum Restaurant Peklo; dann nehmen Sie den ersten Abzweig links Richtung Weinberg. Dieser schmale Fußweg wird Sie zum wohl atemberaubendsten Blick auf Prag führen mit Burg, Kleinseite, Altstadt und Žižkov. Luft holen nicht vergessen!

260 KLOSTER STRAHOV

5

GESCHICHTSTRÄCHTIGE ORTE

261 **LIBUŠE UND PŘEMYSL**
Přemyslova 5-7
Vyšehrad ②

An den beiden Eingangsportalen wird der nationale Mythos von Fürstin Libuše und ihres Gemahls Přemysl, des Pflügers, verkürzt dargestellt. Sie selbst hatte die Hochzeit mit ihm »vom Feld weg« prophezeit; damit begründeten sie das Herrschergeschlecht der Přemysliden, die erste böhmische Dynastie, und sie lebten hier in Vyšehrad glücklich bis ans Ende ihrer Tage.

262 **NEUES RATHAUS**
Karlovo náměstí 1
Neustadt ②
+420 224 948 229

Die Reformationsbewegung begann schon im frühen 15. Jahrhundert. Jan Hus und seine Anhänger hatten eine ziemlich unkonventionelle Art, mit Gesinnungsgegnern umzugehen. Beim Prager Fenstersturz, den sie zu verantworten hatten, wurde der ganze Stadtrat samt Bürgermeister aus dem Fenster des Rathauses geworfen. Im Innenhof befindet sich ein trendiges Café.

263 **WEISSER BERG**

GPS: 50.0783294N, 14.3192047E
Karlovarská 1677
Břevnov
(Tramhaltestelle Bílá Hora)

Gleich neben der Tram-Endstation steht die Kirche Maria vom Siege. Hier, wo einst eine Kapelle stand, wurden die auf dem nahe gelegenen Schlachtfeld gefallenen Soldaten beerdigt. Auf einer kleinen Anhöhe ein paar hundert Meter weiter oben steht ein Ehrenmal, das eine der schwersten Niederlagen der böhmischen Geschichte bezeugt.

264 **KIRCHE ST. CYRILL UND METHOD**

Resslova 9a
Neustadt ②
+420 224 920 686
pamatnik-heydrichiady.c

Einschusslöcher in der Außenwand der Krypta erinnern daran, was auf die Ermordung von Reinhard Heydrich 1942 folgte. Die Tschechen haben für diesen Akt des Widerstands im Auftrag der Exilregierung teuer bezahlt; dies zeigte jedoch den Alliierten eindeutig, auf welcher Seite sie kämpften.

265 **EHEMALIGES STALIN-DENKMAL**

Letenské sady
Letná ⑧
(Tramhaltestelle Čechův most/ Čech-Brücke)

Im November 1962 hörten die Prager Bürger Gläsergeklirre in ihren Schränken. Es war aber kein Erdbeben, wie viele dachten, sondern die geheim veranlasste Sprengung des 17 000 Tonnen schweren Stalin-Denkmals. Es stand dort nur kurze Zeit, bis heute aber mahnt dieser Ort vor den Gefahren eines ideologischen Personenkults.

Die 5 faszinierendsten

INDUSTRIE-DENKMÄLER

266 **NÁKLADOVÉ NÁDRAŽÍ ŽIŽKOV**
Jana Želivského 2
Žižkov ⑤
nakladovenadrazi zizkov.com

Zwar wurde die kulturelle Nutzung dieses denkmalgeschützten Güterbahnhofs 2018 auf Eis gelegt, doch gibt es hier immer noch viele Antiquitäten- und Vintage-Möbelläden. Pirschen Sie sich durch die blaue Halle (ganz hinten links) inmitten stillgelegter Gleise heran. Ein spannender Streifzug mit Urbex-Kick!

267 **ALTE ABWASSER-KLÄRANLAGE**
Papírenská 6
Bubeneč ⑨
+420 777 790 219
stara-cistirna.cz

Die 100 Jahre alte Kläranlage, die unter Leitung eines britischen Ingenieurs gebaut wurde, ist erst seit Kurzem öffentlich zugänglich. Erkunden Sie alte Maschinen und streifen Sie durch die sanierten Abwasserschächte. Abenteuerlustige können Floß fahren oder den Lüftungschacht per Seilzug hochklettern. Warme Kleidung erforderlich. Nur mit Barzahlung.

268 **NEGRELLI-VIADUKT (KARLÍN-VIADUKT)**
Prvního pluku
Karlín ⑥
viaduktkreativni.cz

Prags zweitälteste Eisenbahnbrücke. Mit 87 Bögen war sie 60 Jahre lang das älteste Viadukt in Europa. Nach Jahrzehnten der Verwahrlosung ließ die Stadt sie wiederbeleben, um Tanzflächen, Spielplätze, Cafés und Galerien unterzubringen – die bessere Alternative zu stinkenden Parkplätzen und Hundeklos.

269 **HOLEŠOVICE-BRAUEREI**
Komunardů 42
Holešovice ⑧

Ein hoher Ziegelschornstein hebt sich markant von den schneeweißen Fassaden der umgebenden Gebäude ab. 1897 wurde hier die Erste Prager Bürgerbrauerei gegründet. Heute findet man dort Büros, Wohnungen und Läden, die um einen zentralen Innenhof angelegt sind, in dem auffällige Skulpturen stehen: mehrere rostige Konzertflügel.

270 **MARINA**
V Přístavu
Holešovice ⑧

Dieser tote Nebenarm der Moldau hat in jüngster Zeit bei Bauträgern großes Interesse geweckt. Hier entstanden große Wohnblöcke mit Blick auf eine Unmenge rostiger Frachtschiffe, die im alten Industriehafen vertäut liegen. Ein authentischeres Erlebnis bietet ein Streifzug durch die Trockendocks für Schiffsreparaturen auf der anderen Seite.

Die 5 besten Sightseeingtouren mit ÖFFENTLICHEN VERKEHRSMITTELN

271 **BUS 194**
dpp.cz

Die Linie wird von einem Kleinbus bedient, der sich durch die schmalen Gassen des Zentrums schlängelt. Der Shuttle fährt zweimal pro Stunde zwischen dem Petrské-Platz und dem Haštalské-Platz, dann weiter zur Einkaufsmeile Pařížská und zum Marienplatz sowie zum Rathaus, zur Nationalbibliothek und dann über die Brücke zur Kleinseite hinüber.

272 **TRAM 23**
dpp.cz

Diese nostalgische Linie wird von den beliebten Tatra-T3-Straßenbahnwagen bedient. Über 14 000 dieser in Prag hergestellten Typen wurden weltweit verkauft. Die 23 fährt alle 15 bis 20 Minuten zu mehreren Sehenswürdigkeiten im Zentrum (Haltestellen: Neues Rathaus, Nationaltheater, Kleinseite oder Prager Burg).

273 **TRAM 41**
dpp.cz

Sie hat einen ähnlichen Streckenverlauf wie die Linie 23, fährt aber nur wochenends von März bis November (von 12 bis 17 Uhr). Mit einem Sonderticket (35 CZK) kann man in einer Tram aus der Zeit zwischen den Weltkriegen fahren.

274 **SEILBAHN**
dpp.cz

Wie wär's mit einem Blick auf den kleinen Eiffelturm auf dem Petřín-Hügel aus nächster Nähe? Die Seilbahn bringt Sie täglich zwischen 9 und 11.30 Uhr hinauf. Mit dem 24-CZK-Ticket erspart man sich 130 Meter Höhenmeter per pedes den Berg hinauf. Am Gartenrestaurant Nebozízek aussteigen und einen tollen Ausblick genießen!

275 **FÄHREN**
prazskebenatky.cz

Im Prager Stadtzentrum spannt sich fast alle paar hundert Meter eine Brücke über den Fluss. Zusätzlich verkehren (meist von April bis Oktober) mehrere kleine Fähren, für die man nur die ganz normalen Fahrkarten braucht.

274 SEILBAHN

5 *reizvolle*

VERSTECKTE INNENHÖFE

276 **HOLLAR**
Smetanovo nábřeží 6
Altstadt ①

Dieser Innenhof gehört zur Sozialwissenschaftlichen Fakultät. Man muss an der Pforte um Einlass bitten und erklären, dass man das Café besuchen will. Nach dem Testen der netten Studentenkneipe in einer ehemaligen Garage kann man sich auf dem Gelände und im Innenhof frei bewegen.

277 **HAUS ZUM GOLDENEN RING**
Týnská 6
Altstadt ①

Gehen Sie an der Rezeption des Prager Stadtmuseums in einen kleinen Innenhof zwischen zwei mittelalterlichen Gebäuden. Im Sommer verwandelt sich der Patio in ein Literaturcafé mit Terrasse; bei einem Getränk kann man toskanische Säulen und gotische Gewölbe bestaunen.

278 **FLORENTINUM**
Na Florenci 15
Neustadt ①

In der Mitte dieser Einkaufspassage geht es in einen Innenhof hinein. Zunächst besteht der Durchgang nur aus Glas und Beton, weiter drinnen aber öffnet sich hinter dem Palais Desfours ein weiterer Raum. Der Garten wurde in eine friedliche Oase verwandelt.

279 **HAUPTPOST**
Jindřišská 14
Neustadt ①
+420 221 131 445

1874 eröffnete hier das Hauptpostamt. Mittlerweile wurde der Innenhof geschickt in eine Halle umgestaltet. Im ersten Stock kann man eine Ausstellung zur Geschichte des Postdienstes besuchen. Der Bau ist an das letzte städtische Rohrpostsystem angeschlossen. Es ist 55 Kilometer lang und immer noch in Betrieb.

280 **U HALÁNKŮ**
Betlémské náměstí 1
Altstadt ①

Dies ist der Innenhof einer ehemaligen Brauererei und Brennerei. Die Gebäude wurden 1826 von der Familie Fingerhut erworben. Ihr Sohn, Vojta Náprstek, ein Philanthrop und Patriot, der seinen Namen ins Tschechische übersetzte, richtete das Museum asiatischer, afrikanischer und amerikanischer Kulturen ein.

276 **HOLLAR**

5 *unerwartete*
ABKÜRZUNGEN UND SEITENWEGE

281 **DIE VLAŠSKÁ HINAUF ZUM PETŘÍN-HÜGEL**
Kleinseite ③

Um den besten Blick aus dem Strahover Klostergarten herauszuholen, gehen Sie von der Vlašská aus gleich hinter dem Palais Lobkowitz (deutsche Botschaft) die Treppe hoch. Drehen Sie sich erst um, wenn Sie ganz oben sind. Dann ist der Wow-Effekt am größten.

282 **NA LIBUŠINCE**
Vyšehrad ②

Ein weiteres Work-out, das mit einem spektakulären Blick belohnt wird. Machen Sie auf der Treppe zum Burgwall hinauf auf halbem Wege Halt, um sich vom Vorbau aus umzuschauen. Gönnen Sie sich ganz oben eine kleine Verschnaufpause. Vor der Kathedrale St. Peter und Paul gibt es eine Bar.

283 **VON ŽIŽKOV ZUM KARLÍN-TUNNEL**
Žižkov ⑤ und Karlín ⑥

Dieser Fußgängertunnel verbindet die Thámova in Karlín mit dem Tachovské-Platz in Žižkov. Bleiben Sie in der Mitte, wo man keinen Tunnelausgang sehen kann, kurz stehen, um die Akustik zu testen. Merkwürdigerweise liegt der Tunnel am Jakobsweg.

284 NUSELSKÉ SCHODY

Šafaříkova 1
Vinohrady ④

Über insgesamt 182 Stufen geht es von Vinohrady nach Nusle hinunter. Oben auf der Treppe sieht man spektakuläre Villen. Unten steht ein einzigartiges Holzhaus, das in den 1930ern für einen reichen Mineneigner erbaut wurde. Im Zweiten Weltkrieg diente es der Hitlerjugend als Unterkunft. Heute ist es leider heruntergekommen.

285 KAMZÍKOVÁ

Altstadt ①

Wer dem Altstädter Ring schnell entfliehen will, biegt in die Celetná ein und findet den Eingang zwischen den Hausnummern 8 und 10; von da aus kommt man in die Kamzíková mit dem »Haus zum Schwarzen Pfau«, einem berühmten ehemaligen Bordell, das u. a. Otto von Bismarck und Gustav Mahler besucht haben sollen.

281 DIE VLAŠSKÁ HINAUF ZUM PETŘÍN-HÜGEL

5 *anheimelnde* GASSEN

286 NOVÝ SVĚT
Hradčany ③

»Neue Welt«, so der Name der Gasse, bezieht sich auf den Kontrast zu der prunkvollen Architektur der Prager Burg. In den winzigen Häusern wohnten einst die ärmsten Familien und Künstler. Schauen Sie vor 19 Uhr mal nach einem Blick in den öffentlichen Garten (Haus 11 gegenüber) im Haus 2 (Familiencafé) vorbei.

287 SLAVÍČKOVA
Bubeneč ⑨

Die graziösen Linden in dieser Straße stellen die architektonischen Juwelen in den Schatten. Die meisten der Villen wurden in der Belle Époque für die geistige Elite des Landes erbaut. Einige sollten wie englische Landhäuser aussehen, andere nahmen den Jugendstil auf, sehenswert aber sind sie alle.

288 NA KOCOURKÁCH
Střešovice ③

Diese Gasse ist alles, was von einer ehemaligen Arbeitersiedlung noch erhalten blieb. Einige Häuser waren teilweise in den Sandstein gehauen. Es heißt, der Name rühre vom Kopfsteinpflaster her, doch gab es hier früher einen gleichnamigen Weinberg.

289 **U OBECNÍHO DVORA**
Altstadt ①

Der Name verweist auf einen kommunalen Hof mit Stallungen, Scheunen und Fuhrpark. Das weitläufige Areal wurde für die ersten Feuerwehr-Übungseinsätze und später für die Feuerwache genutzt. Der Maler Josef Mánes, der hier 1820 geboren wurde, würde es heute kaum wiedererkennen, denn alles wurde noch vor dem Ersten Weltkrieg geräumt

290 **ZLATÁ**
Altstadt ①

Gehen Sie am Annaplatz (Anenské náměstí) unter dem mit einer Statue gekrönten Tor ins Goldene Gässchen (Zlatá ulička), das sich ums Kloster windet. Die Kirche wurde von Václav Havel in ein Kulturzentrum umgewandelt. Beim Hotel Liliová kann man nach der Kurve das zweite Stück der Zlatá sehen.

286 **NOVÝ SVĚT**

5 *besonders*

MALERISCHE PLÄTZE

291 **KIRCHE DES HL. PETRUS IN POŘÍČÍ**
Petrská
Neustadt ①

Dieser kleine, offene Platz rund um die frühere romanische Petruskirche mit Garten und Glockenturm ist seit Kurzem eine sehr hippe Gegend. Gemütliche Restaurants haben jetzt Terrassen, und Showrooms locken Passanten – alles ganz nah bei der belebten Na Poříčí.

292 **UNGELT**
Týn
Altstadt ①

Ursprünglich war es ein Zollhof (Teynhof), der diesem kleinen Platz seinen Spitznamen »Ungelt« einbrachte. Das Palais Granovský mit seiner Arkaden-Loggia und den Sgraffito-Fassaden ist eines der besterhaltenen Renaissance-Juwelen Prags. Bei Hausnummer 2 gibt es einen berühmten Jazz- und Blues-Club.

293 **AMERICKÁ/ZÁHŘEBSKÁ**
Vinohrady ④

Kein offizieller Platz, sondern eine Straßenkreuzung, wo die Americká und die Záhřebská aufeinandertreffen. In der Mitte steht ein Springbrunnen mit Wasserspeiern. Verweilen Sie auf irgendeiner der Terrassen unter den Linden und beobachten Sie das städtische Treiben in diesem eleganten Viertel.

294 MALTESERPLATZ
Kleinseite ③

Er trägt den Namen des Malteserordens, der hier im 12. Jahrhundert seine Festung hatte. Spitzen Sie die Ohren, wenn Sie an der Hausnummer 12 vorbeilaufen – hier befindet sich eine Musikschule für Sehbehinderte. Nahe der Hausnummer 3 steht eine Kunstinstallation, die Václav-Havel-Sitzgruppe, die symbolisch zum Dialog einlädt.

295 PRAGER LORETO
Hradčany ③

Lauschen Sie zwischen 9 und 18 Uhr dem Glockenspiel aus 27 Loreto-Glocken, das zu jeder vollen Stunde »Gegrüßt seist du tausendmal, oh Maria« spielt. Bestaunen Sie das Palais Czernin gleich gegenüber, dessen größenwahnsinnige Ausmaße den Grafen Czernin in den Ruin stürzten. Heute befindet sich hier der Sitz des Außenministeriums. Der Garten ist öffentlich zugänglich.

5 *Möglichkeiten, die*
MOLDAU ZU GENIESSEN

296 **SPA AUF DEM BOOT**
Rašínovo nábřeží
Neustadt ②
+420 733 429 349
laznenalodi.cz

Der Winter in Prag kann ziemlich rau sein, manchmal friert der Fluss auch zu. Mit anderen Worten: die idealen Bedingungen für eine Bootssauna. Erst bei 90 °C aufwärmen, dann in den Fluss oder unter die Dusche springen, sich in eine Decke einmummeln und beim Blick auf die vorbeigleitenden Schwäne relaxen.

297 **FLUSSFAHRT**
Zwischen Palacký- und Jirásek-Brücke
Rašínovo nábřeží
Neustadt ②
+420 224 931 013
praguesteamboats.com

Zum Aufwärmen nehmen Sie nach dem Zoobesuch ein Dampfschiff vom Stadtzentrum aus. Eine weitere Option ist ein Ausflug zum Slapy-See (Süden) oder zum Zusammenfluss von Moldau und Elbe nahe Mělník (Norden). Zehn Prozent Rabatt mit einem Online-Ticket.

298 **VENEZIANISCHE GONDELFAHRT**
Křížovnické náměstí 3
Altstadt ①
+420 776 776 779
prague-venice.cz

Suchen Sie nach einem romantischen Erlebnis, einem Ort für einen Heiratsantrag oder zum Feiern eines ganz besonderen Anlasses? Dann buchen Sie eine venezianische Gondelfahrt (halbe Stunde ca. 80 €). Die Zeit sollte gerade reichen, um mit Champagner anzustoßen.

299 **TRETBOOTE**

Slovanský ostrov
Neustadt ②

Die meisten Bootsverleihe befinden sich auf der Slawischen Insel (Slovanský ostrov) zwischen zwei Wehren. Eine Bootsfahrt mit 4 Personen kostet zwischen 200 und 250 CZK pro Stunde. Zur Wahl stehen ein Schwan oder ein Oldtimer. Ausweis erforderlich.

300 **ZORBING**

Slovanský ostrov
Altstadt ①

Wollten Sie schon mal wie Jesus übers Wasser laufen? Wenn Sie Lust haben, wie in einem Hamsterrad gefangen in einem riesigen Ballon übers Wasser zu schaukeln, dann versuchen Sie es mit Zorbing (200 CZK). Danach schlafen Sie garantiert gut – und Ihre Kinder auch!

297-299 **FLUSSFAHRTEN**

Die 5 schönsten
ÖFFENTLICHEN GÄRTEN

301 FRANZISKANERGARTEN
Jungmannovo náměstí 18
Neustadt ①②

Vor fünf Jahrhunderten begannen die Franziskanermönche hier mit dem Anbau von Kräutern und Gemüse. Heute sieht man Büroangestellte in der Mittagspause, Vögel fütternde Rentner und Liebespaare. Schlecken Sie unter den blühenden Rosenbögen ein Softeis aus der nahe gelegenen Světozor-Passage.

302 BOTANISCHER GARTEN AUF DEM ALBERTOV
Na Slupi 16
Neustadt ②

Der Zutritt zu den Außenanlagen, die zur Karlsuniversität gehören, ist kostenfrei. Kommen Sie hierher zum Picknicken, um ein Buch zu lesen oder an den Steingärten und Blumenbeeten entlang zu schlendern. Nahe dem Treibhaus steht ein 150 Jahre alter Gingko-Baum.

303 SACRÉ COEUR
Vom Einkaufszentrum oder von der Kartouzská aus erreichbar
Smíchov ⑦

Wollen Sie mal kurz den Menschenmassen im Einkaufszentrum Novy Smíchov entfliehen? Die im ersten Stock (beim WC) versteckte Brücke führt zu einer ruhigen, grünen Oase mit mehreren Bänken und schönem Blick auf die Stadt (inkl. Klettergerüste und Spielplatz).

305 VRTBA-GARTEN

304 GÄRTEN DES VOJAN-PARKS

U Lužického semináře 17
Kleinseite ③

Nur einen Steinwurf von der belebten Karlsbrücke entfernt werden Sie diese friedliche Oase finden, die als ältester teils noch erhaltener Garten in Prag gilt. Besonders reizvoll ist es hier im Frühling, wenn die Obstbäume blühen. Entdecken Sie die Pfauenpopulation im hinteren Teil des Gartens und die Rosenpergolen.

305 VRTBA-GARTEN

Karmelitská 25
Kleinseite ③

Ein unauffälliges kleines Tor bewacht den Eingang zu diesem terrassierten Barockgarten (auf der UNESCO-Liste), wo Matthias Brauns Skulpturen zwischen Heckennischen und farbenprächtigen Blumenornamenten lebendig werden. Oben auf der Treppe hat man einen atemberaubenden Blick. Von April bis Oktober geöffnet.

5 ruhige
PARKS

306 **HVEZDA-WILDRESERVAT**
Liboc

Im Frühling, wenn der Bärlauch duftet, durch den ehemaligen Hirschpark zu spazieren, ist besonders reizvoll. Die Sommerresidenz im Wildreservat wurde für Feste und zur Erholung nach einer Jagdpartie erbaut. Heute kann man sich hier auch immer noch stärken.

307 **KÖNIGLICHER WILDPARK**
Bubeneč ⑨⑧

Der Königliche Wildpark Stromovka wartet mit wunderschönen alten Bäumen und einem raffinierten Bewässerungssystem aus Kanälen und Teichen auf. Im 16. Jahrhundert ließ Kaiser Rudolf einen 45 Meter tiefen Brunnen ausheben, um seinen Wildbestand mit Trinkwasser aus der Moldau zu versorgen.

308 **RIEGER-PARK PRAG**
Vinohrady ④

Ein bei den Tschechen wegen der Aussicht sehr beliebter Treffpunkt und Picknickplatz. Der Hügel nahe der Bar Mlíkárna bietet die fantastischsten Blicke auf die Burg. Nehmen Sie eigene Getränke mit. Gegenüber dem Kinderspielplatz gibt es ein öffentliches WC.

309 PARUKÁŘKA

Žižkov ⑤

In diesem Hügel über der Stadt liegt ein Atomschutzbunker aus den 1950er-Jahren mit eigener Strom- und Wasserversorgung verborgen; dort konnten bis zu 2500 Menschen untergebracht werden. Auf der oberen Plattform befindet sich ein öffentlicher Grillplatz. Herrliche Ausblicke und eine Open-Air-Bar.

310 KINSKÝ-GARTEN

Náměsti Kinských
Smíchov ⑦

Ursprünglich ein Park rund um das Palais der böhmischen Adelsfamilie Kinský, heute ein Volkskundemuseum mit einer schönen Café-Terrasse. Es gibt eine Reihe künstlich angelegter Grotten, einen See und eine hölzerne orthodoxe Kirche. Sie wurde aus der Westukraine hierher gebracht und 1929 als Geschenk an die neue Landeshauptstadt Prag wieder zusammengebaut.

5 *inspirierende*
BIBLIOTHEKEN

311 **STÄDTISCHE BÜCHEREI**
Mariánské náměstí 1
Altstadt ①
+420 222 113 555
mlp.cz

Freier Zutritt für die Öffentlichkeit, egal ob man einen ruhigen Platz zum Schmökern sucht, gratis im Internet surfen oder nur das WC benutzen will. Preiswertes Bistro, über 5000 Bücher und dazwischen ein paar kunstvolle Spiegel. Sonntags und montags geschlossen.

312 **NATURWISSENSCHAFTLICHE AKADEMIE**
Národní 3
Altstadt ①
+420 221 403 208
knav.cz

Die Haupthalle einer früheren Sparkasse ist heute ein Dorado für Bücherwürmer. Ihr heller, luftiger Lesesaal ist richtig studierfreundlich. In einem kleinen Imbissraum kann man sich Tee kochen. Eine Tageskarte kostet 10 CZK, der Internetzugang 30 CZK.

313 **NATIONALBIBLIOTHEK (KLEMENTINUM)**
Klementinum 190
Altstadt ①
+420 221 663 111
nkp.cz

Ein denkmalgeschütztes Gebäude im Herzen der Altstadt. Der große Studiensaal ist mit Barockfresken ausgeschmückt; dann gibt es noch eine historische Globus-Sammlung und einen großen Innenhof. Jahresabo 100 CZK, Tageskarte 10 CZK.

314 KUNSTAKADEMIE

Náměstí J. Palacha 2
Altstadt ①
+420 224 491 231
knihovna.cuni.cz

Die zentrale Bibliothek der Kunstakademie liegt im Untergeschoss des Hauptgebäudes und steht allen offen, die wie Studenten aussehen; zum Gebäude gehören mehrere Studienräume und ein Relaxzone mit Sitzsäcken. Im Bistro, in dem Behinderte arbeiten, kann man sich stärken.

315 TECHNISCHE NATIONALBIBLIOTHEK

Technická 6
Dejvice ⑨
+420 232 002 535
techlib.cz

Mit EAN-Code-Ticket (50 CZK) kommt man in den obersten Stock hinauf, um die 200 Zeichnungen auf den Betonwänden im Atrium aus bester Perspektive anzuschauen. Kostenfreies WLAN für registrierte Besucher. Das Ticket lohnt sich für alle, die sich länger dort aufhalten.

311 STÄDTISCHE BÜCHEREI

5 besonders

IDYLLISCHE FRIEDHÖFE

316 **ALTER JÜDISCHER FRIEDHOF**
Fibichova 2
Žižkov ⑤
synagogue.cz

Seltsamerweise ist der zweitgrößte jüdische Friedhof in der Innenstadt zwischen einem Kindergarten, einem Fernsehturm und einem Minigolfplatz eingepfercht. Nach städtebaulichen Veränderungen im 20. Jahrhundert blieb nur ein Teil des Friedhofs erhalten.

317 **KUBISTISCHER FRIEDHOF ĎÁBLICE**
Ďáblická
Kobylisy
(Tram- oder Bushaltestelle Sídliště Ďáblice)

Dieser Friedhof wurde erst kurz vor dem Ersten Weltkrieg angelegt. Hinter dem kubistischen Eingangsportal fühlt man sich zunächst wie in einem Park, denn man sieht keine Gräber. Gehen Sie weiter zur Zeremonienhalle, dem Grabmal von Heydrichs Attentätern oder zum Bestattungswald.

318 **ALTER FRIEDHOF DER PSYCHIATRIE**
GPS: 50.138984, 14.404582
U Drahaně
Bohnice ⑩
+420 724 028 501
(Führungen)

Er liegt neben einer psychiatrischen Klinik in den nördlichen Vororten Prags. Ruinen einer Kapelle, umgeben von namenlosen, efeubewachsenen Erdhügeln würdigen ca. 5000 Insassen, die hier bis in die 1960er-Jahre beeerdigt wurden. Nur im Rahmen einer Führung (mit Jiří Vítek) zugänglich.

319 OLŠANY/WOLSCHANER FRIEDHOF

Vinohradská 153
Žižkov ⑤
hrbitovy.cz

Als größter Friedhof Prags ist der Wolschaner Friedhof innerhalb von 300 Jahren auf satte 56 Hektar angewachsen. Er weist mehrere Grabmonumente auf, die teils in sehr schlechtem Zustand sind. Mit der Initiative »Adoptieren Sie ein Grab« ersann die Stadt Prag eine günstige Restaurierungsmöglichkeit durch Privatpersonen und Firmen.

320 KLEINSEITNER FRIEDHOF

U Trojice 1
Smíchov ⑦
+420 722 200 908
malostranskyhrbitov.cz

Dieser winzige Friedhof entstand 1680 nahe dem Pestkrankenhaus. Über die Jahrhunderte hat er Immobilienspekulationen und Vandalismus standgehalten und wurde 2016 wieder geöffnet. Die Kombination aus Putten und Engeln, umgefallenen Grabsteinen und efeubewachsenen Bäumen ist sehr malerisch.

320 KLEINSEITNER FRIEDHOF

5 tolle Beispiele für
KUNST IM ÖFFENTLICHEN RAUM

321 **VISELEC**
Husova 1
Altstadt ①

Am Ende der Husova, nahe vom Bethlehemsplatz, erspäht man einen an der Dachtraufe baumelnden, zwei Meter großen bärtigen Mann, der sich mit einer Hand an einer Stange festhält, während die andere in der Hosentasche steckt. Mit der Skulptur *Man hanging out*, die den gebürtigen Tschechen Sigmund Freud darstellt, beantwortet David Černý symbholhaft die Frage, welche Rolle die Intellektuellen in unserem Jahrtausend spielen könnten.

322 **ARTWALL GALLERY**
Nábřeží Kapitána Jaroše
Holešovice ⑧
+420 731 512 512
artwallgallery.cz

Diese Wand diente ursprünglich der kommunistischen Propaganda und will heute den sozialen Einfluss zeitgenössischer Kunst in einem galeriefreien Umfeld fördern. Das linke Moldauufer lebt durch Fotoausstellungen regelmäßig auf, die oft Gegenstand von kontroversen Diskussionen sind.

323 **MEMENTO MORI**
Folimanka-Park
Vinohrady ④

Gehen Sie, wenn Sie im Park angekommen sind, weiter bis unter die 45 Meter hohe Nusle-Brücke, um die ungewöhnliche Skulptur von Krištof Kintera anzuschauen. Dieser verkrümmte Laternenpfahl ist ein Mahnmal zum Gedenken an alle Selbstmörder, die sich hier ins Tal stürzten. Seit dem Bau der Brücke 1973 haben sich hier 200 bis 300 Menschen das Leben genommen.

324 **BRONZENE PFERDE**
Kreuzung Kafkova / Kyjevská in Dejvice
Dejvice ⑨

Auf einem kleinen Platz vor dem Hus-Haus steht eine Statuengruppe mit Bronzepferden, montiert auf einem Wasserfall. Der Bildhauer Michal Gabriel wählte das Motiv als Erinnerung an all die edlen Geschöpfe, die einst hier dahintrabten, wo heute Autos fahren. An heißen Sommertagen bei Kindern ein sehr beliebter Platz.

325 **LETNÁ-TUNNEL**
Kostelní/Muzejní
Holešovice ⑧

In einem Park gleich hinter dem Technischen Nationalmuseum ragen zwei eigenartige Rauchschächte gen Himmel. Trotz ihrer spezifischen Funktion als Lüftungstürme des Letná-Tunnels wirken sie aufgrund der schwarz-weißen Keramikmosaiken von Zdeněk Sýkora wie ein einzigartiges, zeitloses Kunstwerk.

323 **MEMENTO MORI**

5 besonders
MYSTISCHE ORTE

326 **SOMMERSONNENWENDE AM VEITSDOM**
Křížovnické náměstí
Altstadt ①③

Zur Sommersonnenwende kann man von einem Platz nahe der Karlsbrücke aus ein ganz besonderes Lichtschauspiel beobachten. Die letzten Sonnenstrahlen des Tages lassen das Goldene Tor (Porta Aurea), Haupttor und ältester Teil des Veitsdoms, aufleuchten. Im Dom sind die Gebeine des tschechischen Schutzpatrons bestattet.

327 **MARIENSÄULE AM ALTSTÄDTER RING**
Altstädter Ring
Altstadt ①

Nur fünf quadratische Platten erinnern heute daran, wo die Mariensäule einst stand. Sie wurde aus Dankbarkeit errichtet, weil man meinte, dass die Mutter Gottes die Stadt im Dreißigjährigen Krieg beschützt und damit ein Zeichen für ein geistliches Zentrum Europas gesetzt hätte. Im Herbst 1918 kam es zum Sturz der Mariensäule, die ja für die Habsburger Monarchie stand. Heute steht die Statue rechts von der Teynkirche an der Seitenwand.

328 VYŠEHRAD/ PRAGER HOCHBURG

Vyšehrad ②

Kein Ort in ganz Prag könnte mystischer sein als das sagenumwobene Vyšehrad, die Prager Hochburg. Die erste tschechische Dynastie wurde von Fürstin Libuše auf diesem Felsvorsprung über der Moldau begründet. Sie prophezeite »eine große Stadt, deren Ruhm bis zu den Sternen reichen wird«. Innerhalb der Festung befinden sich auch das Slavín-Grab und die Teufelssäule.

329 PRAGER GEOPUNKTUR

Lithopunktur – oder »Landschaftsakupunktur« – ist ein Projekt des slowenischen Bildhauers Marko Pogacnk. An verschiedenen geomantischen Punkten wurden mehrere steinerne Menhire mit symbolischen Bronzescheiben installiert. Die »Herzachse« Prags erstreckt sich von Kloster Strahov bis zum Parukářka-Park (Tramhaltestelle Hlavní nádraží).

330 ROTUNDE DES HEILIGEN KREUZES

Karolíny Světlé

Altstadt ①

Eine romanische Rotunde und ältester heiliger Ort Prags. Der Rundbau stand schon vor dem Entstehen der Altstadt dort. Zunächst aus Bruchsteinquadern (Tschechisch *opuka,* Plänerplatten) auf Bodenniveau erbaut, wurde sie später hochwasserbedingt auf erhöhtem Fundament errichtet. Das Grundstück ist nach wie vor in Besitz der Altkatholischen Kirche. Sonntags, dienstags und freitags finden Abendgebete statt.

STUDIO ALTA

45 ORTE FÜR KULTURGENUSS

5 *Galerien für*
NACHWUCHSTALENTE

331 **PRAGER KUNST-AKADEMIE**
U Akademie 4
Bubeneč ⑧
+420 220 408 224
avu.cz

Die winzige Galerie im ersten Stock ist öffentlich zugänglich. In den Korridoren sind experimentelle Plastiken ausgestellt. Schauen Sie durch offene Türen in die Ateliers; dann geht es die Treppe hinunter in den rückwärtigen Garten, um dort die Barockskulpturen und die wunderschöne Gebäudefassade zu bestaunen.

332 **GALERIE TRAFO**
Bubenské nábřeží 13
Holešovice ⑧
+420 739 517 758
trafacka.cz

Nachdem die Galerie aus einem alten Umspannwerk in Vysočany ausziehen musste, fand sie in den Markthallen 14 und 18 ihr neues Zuhause. Sie präsentiert nach wie vor tschechische Künstler und ist eine wertvolle Ergänzung im zunehmend bekannten Artdistrict 7.

333 **GALERIE DRDOVA**
Křížkovského 10
Žižkov ⑤
+420 777 216 416
drdovagallery.com

In einem gehobenen Wohnviertel, das zu Žižkov gehört, gleich hinter dem Fernsehturm gelegen. Im Parterre kuratiert Lucie Drdová die Werke von einem Dutzend tschechischer, slowakischer und slowenischer Künstler, die sich hier dauerhaft niedergelassen haben.

334 **GALERIE JELENÍ**

Dukelských hrdinů 25a
Holešovice ⑧
+420 222 986 116
cca.fcca.cz

Dieser vergessene Innenhof in Holešovice war einmal eine Bäckerei. Heute gehört sie dem Prager Zentrum für zeitgenössische Kunst und fördert junge, aufstrebende Künstler, die hier oft ihre erste eigene Ausstellung haben. Gelegentlich werden hier auch ältere, einflussreichere Künstler gezeigt.

335 **GALERIE NOD**

Dlouhá 33
Altstadt ①
+420 773 252 673
nod.roxy.cz

Die experimentellen NoD-Räumlichkeiten für diverse Genres befinden sich über einem legendären Musikclub. Die Galerie stellt in Zusammenarbeit mit jungen Nachwuchstalenten die neuesten Trends und Strömungen der Moderne vor.

Die 5 besten Orte für
ZEITGENÖSSISCHE KUNST

336 **MEET FACTORY**
Ke Sklárně 15
Smíchov ⑦
+420 251 551 796
meetfactory.cz

Dieses internationale Kunstzentrum befindet sich zwischen der Bahntrasse und einer belebten Straße. Der ehemalige Gewerbebau eignete sich wunderbar als Plattform für verschiedenste Kunstgenres, von bildenden Künsten bis hin zu Musik und Kino. In der Bar trifft man garantiert immer Bohemiens.

337 **DOX**
Poupětova 1
Holešovice ⑧
+420 295 568 123
dox.cz

Auf einer Fläche, die ungefähr der Größe eines Fußballfelds entspricht, zeigt die DOX zeitgenössische Kunst. Der Name leitet sich aus dem griechischen *doxa* ab und heißt so viel wie Meinung oder Vorstellung. Die Kunstprojekte wollen zum Nachdenken über aktuelle soziale Themen anregen. Hier darf jeder seine eigene Meinung haben.

338 **HAUS ZUR STEINERNEN GLOCKE**
Staroměstské náměstí 13
Altstadt ①
+420 224 826 391

Nahe dem Altstädter Ring steht ein gut erhaltenes Turmhaus mit außergewöhnlicher gotischer Palastarchitektur. Heute zeigt hier die Galerie der Hauptstadt Prag in drei Stockwerken zeitgenössische Kunst hinter historischer Fassade.

337 **DOX**

DOX
ART
IS WHAT
MAKES
LIFE MORE
INTERESTING
THAN ART.
RISK!
RISK
ANYTHING!
FACE THE TRUTH.
ACT FOR YOURSELF.
THE TRAGEDY OF MODERN MAN
THE MEANING OF HIS OWN LIFE,
NOTHING TO DO WITH POLITICS
LIVING AT RISK IS JUMPING
OFF THE CLIFF AND
BUILDING YOUR WIN

339 **MESSEPALAIS**

Dukelských hrdinů 47
Holešovice ⑧
+420 224 301 122
ngprague.cz

Im Messepalais, einem Juwel funktionalistischer Architektur, ist (inter)nationale Kunst des 19. Jahrhunderts und der Zeit danach zu sehen, u. a. Werke von Picasso, Klimt und Mucha. Bedrückende Geschichte: Im Zweiten Weltkrieg wurden hier Deportationen organisiert. Im Parterre befindet sich ein Trendcafé. Das Ticket gilt für den Besuch sämtlicher Dauerausstellungen in der Nationalgalerie innerhalb einer Woche.

340 **MUSEUM KAMPA**

U Sovových mlýnů 2
Kleinseite ③
+420 257 286 147
museumkampa.com

Meda Mládek wird bald ihren 100. Geburtstag feiern – und welch außergewöhnliches Leben hat sie geführt! Als leidenschaftliche, meist im Ausland lebende Kunstsammlerin ist sie seit jeher die Mäzenin von František Kupka, ja sie hat sogar ihr Familienhaus verkauft, um seine Gemälde zu erwerben. Hier stellt sie die weltweit größte Kupka-Privatsammlung aus.

5 *versteckte*
UNABHÄNGIGE KINOS

341 **BIO OKO**
Františka Křížka 15
Holešovice ⑧
+420 608 33 00 88
biooko.net

Bio Oko ist einer der Gründe, warum die Veverkova mittlerweile so in ist. Dieses Kino mit einer stylishen Bar und Craftbieren vom Fass baut sonntags von 10 bis 12 Uhr Brunch auf. Gibt es einen besseren Start in einen Faulenzertag?

342 **KINO DLABAČOV**
Bělohorská 24
Břevnov ③
+420 233 102 991
dlabacov.cz

Im auffälligen Hotel Pyramid ist dieses winzige Kino nach Jahrzehnten wieder zum Leben erwacht. Geboten wird eine gute Mischung beliebter Filme und Weltkino, Matinéen für Rentner, besondere Vorführungen für Kinder und Stand-up Comedy für Eltern. Das Café mit Spielecke ist ein weiteres Plus.

343 **PONREPO**
Bartolomějská 11
Altstadt ①
+420 778 522 708
nfa.cz

Das Kino des Nationalen Filmarchivs befindet sich in der Mensa eines ehemaligen Internats. Mit seinen 150 Millionen Metern Filmstreifen gilt das Archiv als das zehntgrößte der Welt. Mit dem Anspruch, Erbe zu schützen und zu fördern, zeigt es ältere und weniger bekannte Filme. Jeden Abend finden zwei Screenings statt.

344 KINO AERO

Biskupcova 31
Žižkov ⑤
+420 271 771 349
kinoaero.cz

Žižkov hat viele Hinterhöfe, aber in nur einem stößt man auf ein winziges Kino. Schauen Sie – wenn sie mutig sind – während des Shockproof Film Festivals (im März) vorbei oder zu jeder anderen Zeit, um bei einem Glas Kofola einen der bunt gemischten Filme des Weltkinos anzuschauen. In der mittleren Reihe und in der Reihe am Notausgang hat man mehr Beinfreiheit.

345 KINO PILOTŮ

Donská 19
Vršovice ④
+420 723 985 986
kinopilotu.cz

Dieses frisch renovierte kleine Kino hat zwei Säle, in denen täglich 14 hauptsächlich alternative Filme (OmU) gezeigt werden. Für ein wirklich unvergessliches Erlebnis reserviere man einen Platz im Virtual-Reality-Raum mit Hightech-Ausstattung.

344 KINO AERO

Die 5 besten FESTIVALS

346 **OPEN HOUSE PRAGUE**
MAI
openhousespraha.cz

2015 trat Prag im Rahmen des Open-House-Architekturfestivals in den Reigen europäischer und amerikanischer Städte ein. Eine Woche lang sind normalerweise geschlossene Gebäude öffentlich zugänglich. Inzwischen findet das Event immer größeren Zulauf. Wie wär's mit dem Regierungssitz oder dem Hauptsitz der HBO Europe? Reservierung wird empfohlen, der Eintritt ist frei.

347 **UNITED ISLANDS OF PRAGUE**
JUNI
unitedislands.cz

Dieses Event bringt auf jede Insel, entlang der Moldau und in die nahe gelegenen Gärten ein anderes Musikgenre. Entdecken Sie tschechischen Rap, ein Trommler-Ensemble mit behinderten Musikern oder israelischen Jazz. Der besondere Kick: Gibt es irgendein anderes Musikfestival, wo man mit einer Fähre oder einem Tretboot von einer Bühne zur anderen schippern kann?

348 **LETNÍ LETNÁ**
AUGUST/SEPTEMBER
letniletna.cz

Seit 2004 hat dieses Festival das Letná-Plateau in ein riesiges Zirkusgelände verwandelt. Über die Jahre hat es sich als Institution mit Weltrenommée etabliert und präsentiert der breiten Öffentlichkeit die Arbeit moderner Zirkus- und Theaterkompanien. Zwitschern Sie ein Bier unter den Bäumen, während Sie die akrobatischen Kunststücke beobachten.

349 **ZAŽÍT MĚSTO JINAK**
SEPTEMBER
zazitmestojinak.cz

Dieses Festival findet im Rahmen der Europäischen Mobilitätswoche statt und will nachhaltige städtebauliche Projekte fördern. Sein Schwerpunkt liegt auf der Rückgewinnung von öffentlichem Raum und Gemeinschaftsbildung. Erleben Sie die Stadt von einer anderen Seite, mit viel Musik, Lebensfreude und gut gelaunten Menschen.

350 **DESIGN BLOK**
OKTOBER
designblok.cz

Das wichtigste Event für alle Design-Freaks. Seit 1999 wird hier eine Auswahl an Objekten aus ganz Europa präsentiert, darunter neue, prestigeträchtige Labels und Prototypen aufstrebender und bereits etablierter Designer und Ateliers. Mehr als 50 000 Besucher kommen jährlich.

Die 5 coolsten
MUSIKCLUBS

351 **GROOVE BAR**
Voršilská 6
Neustadt ②
+420 777 610 279
groovebar.cz

Einer dieser seltenen Orte, wo man in Prag tiefgehende House- und Techno-Musik hören kann. Der Club ist eher klein, hat jedoch stets ein pulsierendes Ambiente. Nettes Personal + Drinks zu vernünftigen Preisen – und schon versteht man, warum er so beliebt ist.

352 **AKROPOLIS**
Kubelíkova 27
Žižkov ⑤
+420 296 330 913
palacakropolis.cz

Akropolis ist ein Tempel der Subkultur, u. a. für Musik, Theater und Performance. Hier wird nicht zwischen aufstrebenden Lokalgrößen und ausländischen Stars unterschieden, solange es rockt, soult oder hip-hopt.

353 **KLUB 007**
Chaloupeckého 7
Břevnov ③
+420 775 260 071
klub007strahov.cz

Ein Underground Club – im wahrsten Sinne des Wortes – in einem der Studentenwohnblöcke auf dem Petřín-Hügel. Seit 1969 treten hier tschechische und internationale Bands aller Genres auf, von Punk bis Rockabilly und von Sub-Pop bis Noise.

354 **KLUBOVNA 2. PATRO**
Dlouhá 37
Altstadt ①

Zuerst geht es durch einen herrlich morbiden Hinterhof mit Arkaden der Spätrenaissance, dann links ab und hinauf in den zweiten Stock in eine große Halle. Hier stand einst der erste Prager Computer, der den ganzen Raum ausfüllte und die Kapazität eines Taschenrechners hatte. Mittlerweile befinden sich hier eine improvisierte Galerie, ein Punk-Theater und – vor allem – ein Club mit fantastischen DJ-Sets.

355 **ROXY**
Dlouhá 33
Altstadt ①
roxy.cz

Roxy ist einer der größten und ältesten Musikclubs in Prag. Dieses ehemalige Art-déco-Filmtheater hat eine beeindruckende L-Acoustics-Tonanlage für erstklassige Soundqualität. Hier sind bereits verschiedenste Künstler aufgetreten, u. a. DJ Shadow oder Mogwai.

355 ROXY

5 *alternative*

KULTURZENTREN

356 **KLUBOVNA**
Generála Píky
Dejvice ⑨
+420 739 834 056
klubovna.povalec.cz

Im kulturellen Gemeinschaftszentrum Klubovna finden Konzerte mit jungen Prager Bands und internationalen Gästen statt, Film- und Theaterabende, Lesungen, Debatten sowie sehr beliebte Haircut-Sessions. Zudem kann es auch noch mit einem schattigen Garten, Sauna und kommunaler Kompostierung punkten.

357 **ŠKOLSKÁ 28**
Školská 28
Neustadt ②
+420 222 966 974
skolska28.cz

In einem großzügigen Innenhof versteckt, konzentriert sich diese Kulturoase hauptsächlich auf internationalen kulturellen Dialog über interdisziplinäre, künstlerische und pädagogische Aktivitäten. Hier finden Ausstellungen, musikalisches Improtheater und Festivals statt – von Aktionskunst, Klang- und Bildkunst bis hin zu elektronischer Musik.

358 **STUDIO ALTA**
U Výstaviště 21
Holešovice ⑧
altart.cz

In vier Gewerbehallen mit fast 1800 Quadratmetern ist Alta ein multikulturelles Zentrum für zeitgenössischen Tanz; daneben gibt es noch zwei Theater, diverse Ateliers (u. a. für Kinder) und ein gemütliches Café. Wirklich bezaubernd!

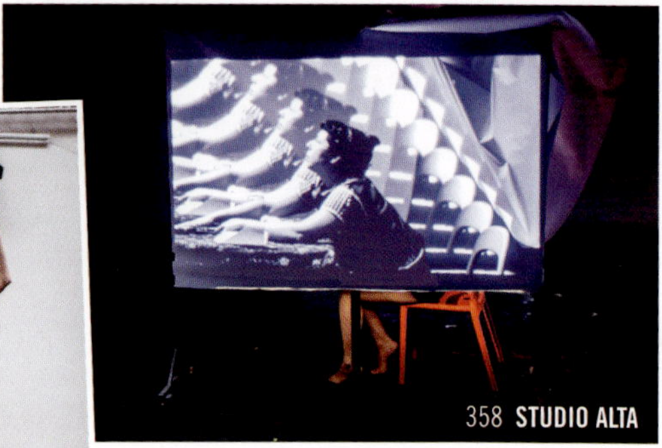

358 **STUDIO ALTA**

359 **JATKA 78**

359 JATKA 78

Bubenské nábřeží 13
Holešovice ⑧
+420 773 134 884
jatka78.cz

Diese neue Oase der Kreativität in den Großmarkthallen 7 und 8 hat sich binnen kürzester Zeit zum Aushängeschild von Holešovice und seiner vielfältigen Kulturszene gemausert. Als Standort von drei neuen Prager Zirkusunternehmen empfängt es auch internationale Akrobaten.

360 TOVÁRNA

Dělnická 63
Holešovice ⑧

Dank seiner Hartnäckigkeit hat es der Kulturentwickler Matěj Velek geschafft, das Verteidigungsministerium für die öffentliche Nutzung der ehemaligen Kaserne zu gewinnen. Ein toller Ort für Open-Air-Kino oder um im Swimmingpool einem Konzert zu lauschen, die Karlín Studios zu besuchen oder sich in einem riesigen Sandkasten zu vergnügen.

Die 5 interessantesten

TRADITIONELLEN MUSEEN

361 **ST.-AGNES-KLOSTER**
U Milosrdných 17
Altstadt ①
+420 778 725 086
ngprague.cz

Dieses Gemäuer beamt einen ins Mittelalter zurück. Kein Wunder also, dass dieser Teil der Nationalgalerie sich auf diese Epoche konzentriert. Wenn Sie sich an den Madonnen und vergoldeten Heiligen sattgestaunt haben, erkunden Sie den Skulpturengarten oder entspannen Sie sich in den Klostergärten. Eintritt frei.

362 **LANGWEILS STADTMODELL VON PRAG**
IM STADTMUSEUM
Na Poříčí 52
Karlín ⑥
+420 221 012 911
muzeumprahy.cz

Im Stadtmuseum ist ein einzigartiges Papiermodell von Prag aus dem 18. Jh. zu sehen. Dank Digitalisierung kann man über 2000 Gebäude erkunden, von denen die Hälfte heute nicht mehr existiert. An dem 20 Quadratmeter großen realistischen Modell hat Antonín Langweil elf Jahre gearbeitet.

363 **TRABANT-MUSEUM**
Plzeňská 215
Motol
+420 725 555 149
trabantmuzeum.cz

Die »Mutti« des Museumsgründers war eine leidenschaftliche Rennfahrerin, die sich in den 1960ern in Trabis verliebte. Jahrzehntelang fuhren die Bewohner der einstigen Ostblockländer in solchen Superleichtfahrzeugen mit Außenhaut aus Duroplast in den Urlaub.

364 **SCHLOSS TROJA**

U Trojského zámku 1
Troja ⑩
+420 283 851 614
ghmp.cz/zamek-troja

Dieses großartige Gebäude aus dem späten 18. Jahrhundert steht mitten in einem wunderschönen französischen Labyrinthgarten. Die Fresken in der Haupthalle zeugen von der italienisch inspirierten Pracht des Barocks. Das Museum gehört zur Galerie der Hauptstadt Prag. Hier finden regelmäßig Wechselausstellungen und Konzerte statt.

365 **TECHNISCHES NATIONALMUSEUM**

Kostelní 42
Holešovice ⑧
+420 220 399 111
ntm.cz

Dieses sechsstöckige Gebäude steht auf dem Letná-Plateau und hat 14 thematische Dauerausstellungen, von Architektur bis Astronomie und von Zeitmessung bis Spielzeugtechnik. Zu sehen sind u.a. Charlie Chaplins Melone, eine beeindruckende Sammlung von Fahrzeugen oder der Springbrunnen der Expo 1958. Planen Sie ein paar Stunden Zeit ein.

363 TRABANT-MUSEUM

5 bedeutende Orte für
BOHUMIL HRABAL

366 **NA HRÁZI 24**
Libeň

Das Haus bei Nummer 24, wo Hrabal über 20 Jahre in einer muffigen Schreibstube verbrachte, wurde wegen des Baus einer Metrostation abgerissen. Eine Gedenkmauer mit Texten, Katzen und Büchern erinnert Passanten daran, wie sehr er die Stadtrandlyrik von Libeň liebte.

367 **PALAIS SVĚT**
Elsnicovo náměstí 6
Libeň

Dieses 1930 erbaute Palais hat wenig von seiner früheren Pracht erhalten. In seiner Blütezeit war es ein lebendiger Szenetreff mit Kino, Café und Spielklub, wo Hrabal oft mit seinen Freunden verkehrte. Einige seiner Kurzgeschichten spielen hier.

368 **BIERSTUBE ZUM GOLDENEN TIGER**
Husova 17
Altstadt ①
+420 222 221 111
uzlatehotygra.cz

Eine einfache Kneipe, wo Hrabal wichtige Politgrößen wie Václav Havel oder Bill Clinton zu Gesprächen traf. Hier verteilte er seine zensierten Samisdat-Werke (Texte, die nur unter der Hand verbreitet werden durften). Anders als die meisten innerstädtischen Pubs konnte dieser hier seinen Charakter bewahren.

369 HOTEL PARIS

U Obecního domu 1
Altstadt ①
+420 222 195 195
hotel-paris.cz

Hier sensibilisierte Hrabals Romanfigur Jan Dítě seine Wahrnehmung unter den strengen Blicken von seinem Chef Skřivánek, dem Leibdiener des Königs in dem Roman *Ich habe den englischen König bedient*. Später dann wird Dítě sogar dem Kaiser von Äthiopien dienen.

370 KRANKENHAUS BULOVKA

Budínova 2
Libeň

Hrabal starb im Alter von 83 Jahren nach einem Sturz aus dem dritten Stock beim Taubenfüttern. Allerdings bleibt sein Tod geheimnisvoll, zumal es in seinen Werken auch immer wieder um Selbstmord geht. Ein freudvolles Leben zu führen – so sagte er immer –, heißt: »Du musst den Mut finden, Schluss zu machen« …

366 **NA HRÁZI 24**

5 bedeutende Orte für FRANZ KAFKA

371 **KAFKAS GEBURTSHAUS**
Náměstí Franze Kafky
Altstadt ①

Eine Bronzebüste erinnert daran, dass Franz Kafka am 3. Juli 1882 hier geboren wurde. Die Kafkas sind ziemlich oft umgezogen, jedoch immer innerhalb der Prager Judenstadt (heutiges Josefov) und in Gehweite zur Synagoge. Nur das Barocktor ist nach Räumung des Elendsviertels erhalten geblieben.

372 **ARBEITER-UNFALL-VERSICHERUNGSANSTALT**
Na Poříčí 7
Neustadt ①

In diesem Gebäude (heute ein Hotel) arbeitete Kafka 14 Jahre lang als Sachbearbeiter, bis er 1922 in den Ruhestand ging. Er fand seine täglichen Pflichten ziemlich nervtötend und kam oft extrem müde zur Arbeit, nachdem er eine ganze Nacht hindurch geschrieben hatte.

373 **KAFKA-MUSEUM**
Cihelná 2
Kleinseite ③
+420 257 535 507
kafkamuseum.cz

Dieses spannende Museum dokumentiert Kafkas Leben anhand von Fotos, Briefen, Tagebüchern, Manuskripten und Originalausgaben seiner Werke. Interessante 3-D-Montagen und interaktive audiovisuelle Medien zeigen seine Inspirationsquellen und erläutern seine Ängste und Gedanken.

374 **METALMORPHOSIS**
Spálená 22
Neustadt ②

Eine bewegte Edelstahlskulptur, die Kafkas Kopf darstellt. Diese 39 Tonnen schwere Mega-Büste ist das Werk von David Černý, einem tschechischen Bildhauer, der wegen seiner Guerillakunst auch umstritten ist. 42 bewegliche Metallschichten geben dem Kopf immer wieder eine neue, beeindruckende Gestalt.

375 **NEUER JÜDISCHER FRIEDHOF**
Izrealská 1
Žižkov ⑤

Einen Monat vor seinem 41. Geburtstag erlag Kafka seinem langen Kampf gegen die Tuberkulose. Er wurde im Familiengrab beigesetzt, ca. 200 Meter vom Eingang entfernt. Gegenüber erinnert eine Gedenktafel an Max Brod, Kafkas geschätzten Freund, der entgegen Kafkas letztem Willen die Manuskripte nach dessen Tod nicht verbrannt.

374 METALMORPHOSIS

381 HUGO CHODÍ BOS

25 DINGE, DIE MIT KINDERN SPASS MACHEN

5 *kinderfreundliche*

RESTAURANTS UND CAFÉS

376 **DIVOKÉ MATKY**
Hybešova 2
Karlín ⑥
+420 607 022 899
divokakavarna.wixsite.com/kavarna

Zentrale für Hipster-Muttis. Von vier Freundinnen (Tänzerinnen und Schauspielerinnen) gegründet, die sich als junge Mütter nicht einsam fühlen wollten. Mit Workshops für Kinder und ausgezeichnetem Kaffee. Ihre Kinder werden womöglich gar nicht mehr wegwollen.

377 **KAVÁRNA MALUJ**
Korunní 98
Vinohrady ④
+420 774 625 851
kavarnamaluj.cz

Dieses kreative Café, verkehrsgünstig nahe am Míru-Platz gelegen, bringt Ihrem Nachwuchs (und Ihnen) in mehreren Kursen Keramikmalerei bei (inklusive Töpfern und Mosaikaufbau). Die Dozenten sprechen fließend Englisch. Internationale Gruppen willkommen.

378 **VOZOVNA**
Královská obora 2
Bubeneč ⑧
+420 725 123 705
vozovna-stromovka.cz

In einem renovierten Straßenbahndepot mitten im ehemaligen Königlichen Wildreservat liegt dieses Gartenrestaurant. Der angrenzende Spielplatz (mit Mini-Eisenbahn) wird kleineren Kindern gefallen, das ältere Publikum wird das Kettenkarussell lieben. Auf der Speisekarte stehen mehrere Kinderteller zur Auswahl. Nur Barzahlung.

379 KRÁLÍK V RÁDIU

Křižíkova 65a
Karlín ⑥
+420 732 428 929
kralikvradiu.cz

Dieses Café kam nach der Blütezeit des Stadtviertels Krymská auf und zog dann nach Karlín um. Die Hippies (oder Hipster) wurden älter, bekamen Babys und wollten sich zu Hause nicht einsam fühlen. Hier haben sie ein Spielzimmer mit jedem erdenklichen Spielzeug und einem (Gruppen-)Babysitter, damit die Eltern ihre Besorgungen machen können (120 CZK pro Stunde – max. drei Stunden).

380 KOALA KAFÉ

Dolnoměcholupská 17
Hostivař
+420 212 241 171
koalakafe.cz

Eine perfekte Location für eine Kindergeburtstagsparty oder einen verregneten Nachmittag. Auf dem Gelände ehemaliger Filmstudios bietet das Café einen riesigen Spielplatz mit Rutschen und Klettergerüsten für Groß und Klein. Und natürlich wäre es ohne Bällebad nicht komplett. Danach werden Ihre Kids garantiert gut schlafen.

Die 5 besten
SPIELZEUGLÄDEN

381 **HUGO CHODÍ BOS**
Řeznická 12
Neustadt ②
+420 602 834 930
hugochodibos.cz

Der nostalgische Holzspielzeugladen wurde als Alternative zu Plastikspielzeug aus Asien gegründet, das den Markt überschwemmt. Adéla H. Kantůrková begab sich landauf landab auf die Suche nach die Kreativität förderndem Ökospielzeug made in Tschechien.

382 **YOYO STORE**
V Jirchářích 12
Neustadt ②
+420 732 547 377
yoyostore.cz

Ein Ort für ältere Kinder und alle, die nicht erwachsen werden wollen, mit einer beeindruckenden Palette an Jo-Jos, Frisbees, Discgolf, Kendamas und anderen Geschicklichkeitsspielzeugen. Zweimal pro Woche finden Kurse für Anfänger- und Fortgeschritte statt.

383 **OOKIDOO**
Ostrovní 21
Neustadt ②
+420 723 013 012
ookidoo.com

Hier kann man hochwertige, kreative Spielzeuge aus aller Welt kaufen. Suchen Sie nach großen Puzzles für kleine Hände, bunten Klötzen oder umweltfreundlichen Kautschukholz-Baukästen? Hier oder im Onlineshop werden Sie wahrscheinlich fündig!

384 **HRAČKOTÉKA**
Školská 34
Neustadt ②
+420 222 965 565
hrackoteka.cz

Nachdem sie Kinder bekommen hatten, stellten Jana und Barbora fest, dass es an kreativen und pädagogischen Spielzeugen fehlte; so importierten sie es aus den Niederlanden, aus Dänemark und Frankreich. Nach ihrem Start mit einem Onlineshop beschlossen sie aber, einen Laden aufzubauen und Behinderte einzustellen. Großes Sortiment für Kleinkinder, kreative Sets für ältere Kids sowie Bastelworkshops.

385 **DŘEVĚNÝ SVĚT HRAČEK**
Francouzská 110
Vršovice ④
+420 606 121 833
drevenysvethracek.cz

Ein einfacher Holzspielzeugladen außerhalb des Zentrums, nicht so glamourös wie die anderen hier genannten, aber mit einer breiten und günstigen Auswahl. Hier werden Bausätze, Rechenbretter, Puppen und beliebte Comicfiguren verkauft, wie etwa der Kleine Maulwurf.

381 HUGO CHODÍ BOS

5 *Orte, um*

TIERE ZU BEOBACHTEN

386 **VÖGEL AUF DEM FLUSS**
Smíchovská náplavka
Smíchov ⑦

Die Sandfläche nahe der Eisenbahnbrücke hieß einst Prager Strand. Gefiederte Gäste wussten jedoch die Anstrengungen der Stadt weit mehr zu schätzen als Menschen. Dieser Teil des linken Ufers ist der ruhigste; hier sieht man große Schwärme sich ausruhender Schwäne, Gänse, Möwen und Tauben.

387 **MUFFLONS IN EINEM KURPARK**
Kunratice-Wald und Thomayer Hospital

Die von Wald umgebene Klinik war einst ganz eingezäunt, doch dann fanden neugierige Mufflons Schlupflöcher, begannen Patienten zu »besuchen« – und wurden gut gefüttert. Das Klinikmanagement erkannte die therapeutische Wirkung und drückt beim unbefugten Eintritt der Vierbeiner ein Auge zu.

388 **BIBERRATTENKOLONIE**
Hloubětín

An einem kleinen Bach namens Rokytka ist eine große Biberrattenkolonie heimisch geworden. Manch einer beschwert sich über diese Eindringlinge, aber die meisten beobachten sie gerne, wenn sie aus ihren Uferlöchern kommen, herumschwimmen und auf Fütterung warten.

389 **KROKODIL-MINIZOO**

Tusarova 39
Holešovice ⑧
+420 728 492 488
krokodylipraha.cz

Wie alt sind neuzeitliche Krokodile? Wie groß sind die größten und die kleinsten? Welche Körpertemperatur haben sie? Der ideale Ort, um all diese brennenden Fragen zu stellen. Wer starke Nerven hat, kann am Wochenende um 10.30 oder 14 Uhr zum Fütterungsspektakel vorbeischauen.

390 **VEREIN JUNGER NATURWISSENSCHAFTLER**

Drtinova 1a
Smíchov ⑦
+420 222 333 860
ddmpraha.cz/stanice-prirodovedcu

Kinder werden den Spielplatz mögen. Man kann Ponys und ein Kamerunschaf streicheln oder Papageienvolieren erkunden; auch Kängurus und ein Marder sind dort zu sehen; zudem gibt es ein Terrarium, einen Ökopfad, eine Geoausstellung und einen Kräutergarten.

Die 5 besten

PICKNICKPLÄTZE

391 **RADOTÍNSKO – CHUCHELSKÝ HÁJ**
V Lázních
Malá Chuchle

Der Wald und Park flussaufwärts hat alles, was man braucht, um einen ganzen Tag auszufüllen: einen Steinbruch mit Grillplatz, eine schöne Wiese mit Klettertürmen, eine Rutsche und einen Sandkasten. In der nahe gelegenen Auffangstation werden verwundete Waldtiere aufgepäppelt.

392 **PŘÍSTAV 18600**
GPS: 50.096330, 14.448062
Karlín ⑥
+420 728 550 984
18600.cz

Ein Gemeinschaftsprojekt, um von Mai bis Oktober das Karlín-Ufer aufleben zu lassen. Eine Bar, Spielplätze, ein Beachvolleyballplatz, Grillverleih, regelmäßige DJ-Sets, Konzerte und Darbietungen machen es zu einer hippen Familienlocation. Noch lustiger ist es, ab Holešovice per Fähre rüberzuschippern.

393 **RAJSKÁ ZAHRADA**
U Rajské zahrady
Žižkov ⑤

Auf dem einstigen Weinberg gibt es jetzt einen riesigen Spielplatz mit Café, Tischtennis, Rutschen und Klettergerüsten. Eine Gloriette thront hoch über einer Kaskadentreppe. Dieser Garten Eden ist bei jungen Müttern sehr beliebt und bei Pärchen aus der nahen Wirtschaftsuni.

394 **PODVINNÍ-PARK**
Rubeška 5
Vysočany

Hoch über dem rechten Rokytka-Ufer gelegen, besticht dieser Park vor allem durch die (künstliche) keltische Siedlung mit ihren Gängen und Tunnels über dem Drachensee. Es gibt dort auch einen Seilkletterpark, ein Amphitheater und mehrere kleine Teiche mit üppiger Vegetation. Unbedingt den Spielplatz testen!

395 **PARK UND SCHLOSS PRŮHONICE**
Zámek 1
Průhonice
+420 271 015 211
parkpruhonice.cz
pruhonickypark.cz

Am südöstlichen Stadtrand von Prag gelegen, aber mit öffentlichen Verkehrsmitteln leicht erreichbar, ist der Park Průhonice ein echtes Kleinod. Die Fahrt dorthin lohnt sich. Dieser schöne Landschaftspark eines herrlichen Privatschlosses mit der riesigen Rhododendron-Sammlung hat es sogar auf die UNESCO-Welterbeliste geschafft.

392 **PŘÍSTAV 18600**

5 *Aktivitäten für einen*
VERREGNETEN TAG

396 **DIVADLO MINOR**
Vodičkova 6
Neustadt ②
+420 222 231 351
minor.cz

Ein bezauberndes Kindertheater namens Minor. Hier wird für Kinder jeden Alters ein breites Spektrum an Bühnenstücken inszeniert. Man darf auch hinter die Kulissen schauen. Spielempore und Café nicht verpassen!

397 **PLANETARIUM**
Královská obora 233
Bubeneč ⑧
+420 220 999 001
planetarium.cz

Wählen Sie eine der drei englischen Shows (deutsche gibt es nicht), lehnen Sie sich bequem zurück und genießen Sie die Projektion auf eine der weltgrößten Kuppeldecken. Im Foyer finden Wechselausstellungen rund um Kosmos und Sternenkunde statt.

398 **KAREL-ZEMAN-MUSEUM**
Saská 3
Kleinseite ③
+420 724 341 091
muzeumkarlazemana.cz

Karel Zeman war ein innovativer Regisseur, der schon früh Trick- mit Realaufnahmen kombinierte. Hier kann man seine Fantasiewelt entdecken, in einem Fluggerät fliegen, wie Baron Münchhausen den Mond besuchen oder das berühmte U-Boot aus *Die Erfindung des Verderbens* von Jules Verne steuern.

399 **ARTPARK RUDOLFINUM**
Alšovo nábřeží 12
Altstadt ①
+420 770 100 767
galerierudolfinum.cz

Artpark präsentiert moderne Kunst auf leicht zugängliche Art. Dieser interaktive Kunstguide eignet sich eher für ältere Kinder und Teenager. Was ist Kunst? Was sind all die möglichen Bedeutungen eines gewöhnlichen Apfels? Die Antworten sollen die Kids selbst finden.

400 **STÄDTISCHES VERKEHRSMUSEUM**
Patočkova 4
Střešovice ③
+420 296 128 900
dpp.cz/en/urban-mass-transit-museum

In welchen Straßenbahnen sind unsere Vorfahren gependelt? Wie war es, damit zu fahren? Wann fuhr die erste U-Bahn? Das Museum ist in einem denkmalgeschützten Betriebshof untergebracht und zeigt eine umfassende Sammlung von Modellen und Fahrzeugen sowie interessante Fahrpläne, Fahrkarten und Zeichnungen.

411 **ONE ROOM HOTEL**

20 BESONDERE HOTELS UND HOSTELS

Die 5 besten

BOUTIQUEHOTELS

401 **U RAKA**
Černínská 10
Hradčany ③
+420 220 511 100
hoteluraka.cz

Ein uriges Holzhaus wie dieses würden die meisten eher auf den Hängen des Riesengebirges erwarten als nahe der Prager Burg. Dieses kleine Romantikhotel hat einen bezaubernden Privatgarten, einen Kamin und ein reizvolles Café – voll herzlicher Gastlichkeit.

402 **BOTEL KLOTYLDA**
Masarykovo nábřeží
Neustadt ②
+420 222 511 826
botelmatylda.cz

Dieses stylishe Schiffshotel (25 Zimmer) liegt fest vertäut auf halbem Weg zwischen den beiden Prager Burgen; flankiert vom Wasserturm Šítkovská und dem modernen Tanzenden Haus. Ein Drittel der Zimmer sind an Bord von »Matylda« gleich nebenan; dort gibt es auch ein Restaurant.

403 **VILA LANNA**
V Sadech 1
Bubeneč ⑨
+420 224 321 278
data.vila-lanna.ssc.avcr.cz

Dieses markante Neorenaissance-Palais nahe dem Königlichen Wildreservat war die Sommerresidenz eines bekannten Neureichen. Seit Ende des 19. Jahrhunderts hat sich hier kaum etwas verändert, nur dass es jetzt eine Konferenz- und Hochzeitslocation ist.

404 **MISS SOPHIE'S**
Melounova 3
Neustadt ②
+420 246 032 620
miss-sophies.com

Ein modernes, gemütliches Belle-Époque-Hotel und idealer Ausgangspunkt zur Erkundung der Neustadt und von Vinohrady. Eine Gästeküche ist vorhanden, jedoch wird ein üppiges All-you-can-eat-Frühstücksbuffet aufgefahren.

405 **HOTEL JALTA**
Václavské náměstí 45
Neustadt ②
+420 222 822 111
hoteljalta.com

Ein Paradebeispiel des sozialistischen Realismus. In der kommunistischen Ära logierten hier Auslandskorrespondenten in berüchtigten, vom Geheimdienst »verwanzten« Zimmern. Im einstigen Atombunker (im Keller) ist heute ein Museum des Kalten Krieges untergebracht. Ein immer noch sehr glamouröses Hotel in zentraler Lage.

401 U RAKA

5 der hippsten DESIGNHOTELS

406 **HOTEL SAX**
Jánský vršek 3
Kleinseite ③
+420 257 531 268
hotelsax.cz

Dieses Vintage-Designhotel liegt in den anheimelnden Gassen unterhalb des Petřín-Hügels versteckt, gleich neben dem geheimnisvollen Alchimisten-Museum. Es liegt zentral und zugleich in ruhiger Umgebung. Von den Terrassen im 4. Stock aus hat man herrliche Blicke auf die Burg und die Dächer der Kleinseite.

407 **NYX-HOTEL**
Panská 9
Neustadt ①
+420 226 222 800
nyx-hotels.com/prague

Eine ehemalige Bank, die im 20. Jahrhundert nach dem Entwurf des gefeierten Architekten Jan Gočár entstand, wurde mittlerweile in ein Hotel umgewandelt. In würdiger Anlehnung an dessen Stil verbindet die Ausstattung moderne Schlichtheit mit Streetart. Lobby und Zimmer wurden von verschiedenen tschechischen Nachwuchsdesignern konzipiert. Sehr zentral nahe dem Wenzelsplatz gelegen.

408 HOTEL BOHO

Senovážná 4
Neustadt ①
+420 234 622 600
hotelbohoprague.com

Begeben Sie sich durch die eindrucksvolle Lobby zu Ihrem eleganten, wunderschön mit natürlichen Farbtönen und Materialen ausgestatteten Zimmer. Beim Anblick des luxuriösen Wellnessbereichs möchte man gar nicht mehr weg von hier – was aber eine Schande wäre, denn das Hotel hat eine fantastische Lage zur Erkundung der Altstadt.

409 HOTEL JOSEF

Rybná 20
Altstadt ①
+420 221 700 901
hoteljosef.com

Dieses Kleinod modernistischer Architektur wurde genial in den bestehenden historischen Gebäudekomplex integriert. Die lichtdurchflutete Lobby wurde von der weltbekannten Eva Jiřičná gestaltet, einer Londoner Architektin mit tschechischen Vorfahren. In der hoteleigenen Bäckerei werden knusprig frische Brötchen zum Frühstück gebacken.

410 MOODS BOUTIQUE-HOTEL

Klimentská 28
Neustadt ①
+420 222 330 100
hotelmoods.com

Staunen Sie über die verblüffende Ausstattung dieses Hotels mit ungewöhnlichen Materialien, Artemide-Leuchten und Hästens-Betten hinter einer historischen Fassade. Dieses preisgekrönte Projekt zweier Designstudenten erlaubt es Gästen, den Wohnraum ihrer Stimmung anzupassen: Über iPhone lassen sich Licht, Musik und andere Elemente steuern.

5 schöne

ZIMMER MIT AUSSICHT

411 **ONE ROOM HOTEL**
Mahlerovy sady 1
Žižkov ⑤
+420 210 320 085
towerpark.cz

Wie der Name schon andeutet, ist hier das Raumangebot begrenzt. Dieses Zimmer – 70 Meter über dem Boden im Fernsehturm – hat einfach die besten Ausblicke auf Prag. Sie können (für fast 1000 Euro) dazu auch ein Arrangement mit romantischem Dinner inklusive Butler und Chauffeur buchen!

412 **MOSAIC HOUSE**
Odborů 4
Neustadt ②
+420 221 595 350
mosaichouse.com

Eine von Ökopionieren entworfene Lodge, die stolz darauf ist, das erste klimaneutrale Hotel Prags zu sein. Die Penthouse-Suiten haben herrliche Ausblicke auf die Burg und die Dächer der Stadt. Unten befindet sich der hauseigene Musikclub mit Konzert- bzw. Karaoke-Bühne.

413 **AUGUSTINE HOTEL**
Letenská 12
Kleinseite ③
+420 266 112 233
augustinehotel.com

Eines der besten Prager Hotels auf einem ehemaligen Klostergrundstück. Die Zimmer haben Gewölbedecken, Holzbalken bzw. original erhaltene Türen mit Eisenbeschlägen. Beheizter Fußboden in allen Marmorbädern. In der Tower Suite liegt Ihnen die ganze Stadt zu Füßen.

414 DANCING HOUSE HOTEL

Jiráskovo náměstí 6
Neustadt ②
+420 720 983 172
dancinghousehotel.com

Seit seiner Erbauung spaltete das Tanzende Haus die öffentliche Meinung. Einige hassen moderne Elemente im alten Stadtkern, andere lieben diese architektonische Hommage an Ginger Rogers und Fred Astaire. Die Zimmer in Gingers »Rock« (Gebäudeflügel) bieten einen Panoramablick auf Burg und Nationaltheater, die über der Moldau aufragen.

415 HOTEL GOLDEN STAR

Nerudova 48
Kleinseite ③
+420 257 532 867
hotelgoldenstar.cz

Nahe dem Burgtor gelegen, steht dieses moderne Hotel in krassem Gegensatz zu seiner pittoresken Umgebung. Alte Stilelemente treten in den minimalistischen Zimmern umso stärker hervor. Von hier aus lassen sich morgens noch vor dem Massenansturm die bezauberndsten Winkel der Stadt entdecken. Ein weiteres Plus ist das herzhafte Frühstück.

411 ONE ROOM HOTEL

Die 5 schönsten
HOSTELS

416 **HOSTEL SOKOL**
Nosticova 2
Kleinseite ③
+420 257 007 397
sokol.eu/obsah/5391/hostel-sokol

Die einzige 12-Euro-Unterkunft im Herzen der Kleinseite, nur einen Steinwurf von der Karlsbrücke entfernt. Im Hauptsitz des größten Sportverbands der Tschechischen Republik (Sokol) untergebracht, bietet das Hostel schlichte, aber saubere Schlafsäle und einige Doppelzimmer. Dachterrasse und Pool testen!

417 **HOSTEL BOUDNÍK**
Dalimilova 4
Žižkov ⑤
+420 776 578 736
hostelboudnik.com

Der Stadtteil Žižkov verzeichnet die größte Anzahl von Bars und Kneipen pro Quadratmeter und ist damit das perfekte Ausgehviertel. Große, gemütliche Zimmer im 1960er-Jahre-Stil und mit anheimelndem Flair. In Gehweite zum zentralen Busbahnhof.

418 **AHOY! HOSTEL**
Na Perštýně 10
Altstadt ①
+420 773 004 003
ahoyhostel.com

Zentraler geht's nicht: Zwischen dem Altstädter Ring und Národní gelegen, in einem Gebäude aus dem 18. Jahrhundert, nahe berühmter Sehenswürdigkeiten, das wilde Prager Nachtleben gleich vor der Tür. Für die meisten jungen Traveller das Nonplusultra.

419 SIR TOBY'S HOSTEL

Dělnická 24
Holešovice ⑧
+420 246 032 611
sirtobys.com

Vor 15 Jahren kam Mathias Schwender auf die Idee, ein Hostel in seinem Viertel zu eröffnen, lange bevor es hip und künstlerisch wurde. Die touristischen Hotspots sind nur eine kurze Tramfahrt entfernt, es gibt aber auch hier im Viertel jede Menge Möglichkeiten, sich zu amüsieren. Retromöbel, eine Kellerbar und ein Garten für Grillpartys.

420 POST HOSTEL

Moravská 9
Vinohrady ④
+420 702 158 270
posthostelprague.com

Im Herzen eines eleganten Wohnviertels gelegen, ist diese stylishe, moderne Unterkunft ein sehr gutes Schnäppchen (ab 10 € pro Nacht). Das Hostel teilt sich ein Gebäude mit dem Postamt (Postkarten schicken nicht vergessen!), hat geräumige, helle Zimmer mit doppelter Deckenhöhe und einen Raum für Spiele.

419 SIR TOBY'S HOSTEL

455 SEMINARGARTEN

40 AKTIVITÄTEN FÜRS WOCHENENDE

Die 5 schönsten

WALDSPAZIERGÄNGE

421 **TAL VON PROPOKOPSKÉ**
(Bus oder Zug nach Nádraží Hlubočepy)

Ein von Felsen, Steinbrüchen und Höhlen gesäumtes Tal in der südwestlichen Peripherie. Ein 6 Kilometer langer, gelb markierter Pfad (ab Tramhaltestelle Barrandov-Geologická) schlängelt sich bis zur Metrostation Jinonice. Wenn man nicht laufen will, kann man auch ab Hauptbahnhof Prag den Zug nach Semmering nehmen (4-mal täglich).

422 **DIVOKÁ ŠÁRKA**
(Tramhaltestelle Divoká Šárka)

Dieser atemberaubende Canyon liegt auf dem Weg zum Flughafen. Ein rot markierter Touristenpfad ab der Tram-Endhaltestelle führt zu einem garantiert erfrischenden, sauberen Süßwasserpool, der sich aus dem Bachlauf des Šárecký speist. Hier kann man über 8 Kilometer wandern oder radeln.

423 NATURPARK KOŠÍŘE-MOTOL

(Tramhaltestelle Poštovka oder Bushaltestelle U Lesíka)

Dieses 20 Hektar große Naturschutzgebiet umfasst den Cibulka-Park und wurde 1815 auf einer ehemaligen Nutzfläche eingerichtet. Es gibt einen romantischen Pavillon und eine Aussichtsplattform – herrlich bei Sonnenuntergang. Jenseits der Bahngleise erhebt sich der Tafelberg Vidoule mit seinen vielen Trinkwasserquellen.

424 STEINBRUCH POŽÁRY

(Zug nach Řeporyje oder Bus zum Řeporyjské náměstí)

Erkunden Sie die Hänge und steilen Felswände dieses stillgelegten, gefluteten Kalksteinbruchs, der vor über 400 Millionen Jahren aus felsiger Waldlandschaft geformt wurde. Von der Hauptroute zweigt ein Stollen ab, der 1930 zum Abtransport des Kalksteins gebaut wurde.

425 NATURPARK DRAHÁŇ-TROJA

(Bushaltestellen Podhoří oder Zámky, Zug nach Sedlec, dann weiter mit der Fähre) ⑩

Dieser Naturpark nahe dem Zoo, der am besten mit Rad oder auf Rollerblades zu erkunden ist, erstreckt sich entlang der Moldau in der Prager Peripherie. Von Drahaňské údolí führt ein blau markierter Weg zurück zu einer Bushaltestelle. Alternativ geht es weiter nördlich nach Klecánky und Kralupy bis zum Zusammenfluss von Moldau und Elbe.

5
FLUSSINSELN
zum Entdecken

426 **SCHÜTZENINSEL (STŘELECKÝ OSTROV)**
Altstadt ①

An einem kleinen, einzigartigen Sandstrand an der nördlichen Spitze rauscht der Fluss lauter als die Stadt. Im Neorenaissance-Gebäude am rechten Ufer befindet sich das Museum des Komponisten Bedřich Smetana, der sich hier zu seinem bekannten symphonischen Werk *Die Moldau* inspirieren ließ.

427 **HETZINSEL (ŠTVANICE)**
Holešovice ⑥

Eine Schnellstraße zerschneidet diese Insel mit großer Sporttradition: Hier befinden sich Prags ältester Tennisklub sowie ein Kajakparcours und eine BMX-Bahn. Die leicht heruntergekommene Villa (1824) nebenan beherbergt eine Bar mit alternativer Theaterbühne.

428 **KAISERINSEL (CÍSAŘSKÝ OSTROV)**
Troja ⑩

Die halbe Insel wird von einer Abwasserkläranlage eingenommen, die andere Hälfte aber gehört Pferden. Zwischen dem Königlichen Wildreservat und Troja gelegen, ist sie ein idealer Ort für Ausritte. Sattelfeste Reiter können bei Václav Koudela (+420 603 174 039) für 600 CZK die Stunde ein Pferd buchen.

429 **LIEBENER INSEL (LIBEŇSKÝ OSTROV)**
Libeň

Von der Lieben-Brücke (Libeňský most) verläuft ein ca. 500 Meter langer Radweg zwischen der Bildhauerwerkstatt rechter Hand und den Schrebergärten (links hinten). Am Ende eines schmalen Fußwegs findet man eine skurrile Kneipe, wo man ein Bier (Yedno pheevo) oder eine erfrischende Himbeerlimo (Mullinofka) trinken kann.

430 **SLAWISCHE INSEL (SLOVANSKÝ OSTROV)**
Neustadt ②

1841 wurde hier, im Neorenaissance-Palais Žofín, die erste in Tschechien hergestellte Dampfmaschine vorgestellt. Auf dem 53 Meter langen Schienenweg nahe dem Spielplatz tuckert eine Miniatur-Eisenbahn für Kinder. In der Nähe gibt es einen Trinkwasserbrunnen. Alkoholkonsum im Park ist nicht gestattet.

426 SCHÜTZENINSEL

Die 5 interessantesten
VORSTÄDTE

431 **JIŽNÍ MĚSTO**
(Metrostation Opatov)

Spazieren Sie ostwärts durch Prags großen Naturpark Hostivař-Záběhlice, ein grünes Band mit Schallschutzböschungen zwischen den Plattenbausiedlungen aus den 1980ern. Schon bald erblickt man graue Zwillingstürme mit einer gelben Uhr. Das Restaurant Kupa im 22. Stock bietet einen atemberaubenden Ausblick auf Prag und Umgebung.

432 **ŽIŽKOV**
(Metrostation Jiřího z Poděbrad)

Ein kontrastreiches Viertel. Die Gegend rund um den Žižkover Fernsehturm hat sich zu einem eleganten, grünen Wohnviertel etabliert, im Gassengewirr am Fuß des gleichnamigen Hügels wird es dann aber schmutziger, und die Bars werden zwielichtiger. Die Straßennamen gehen auf die tschechische Reformationsbewegung zurück.

433 **MALVAZINKY**
(Bushaltestelle Malvazinky)
⑦

Nach dem Ersten Weltkrieg kurbelte die Stadt den sozialen Wohnungsbau an, und so verwandelte sich Malvazinky zu einer der malerischsten Vorstädte Prags. In der Přímá und Pravoúhlá werden Sie von den schmalen Reihenhäusern mit ihren winzigen Vorgärten bezaubert sein. Nach einem kurzen Abstecher zum Aussichtspunkt Paví Vrch geht es durch den Santoška-Park hinab wieder zurück.

434 **KRÁLOVSKÉ VINOHRADY**
(Tramhaltestelle Vinohradská vodárna)
④

Bestaunen Sie den prunkvollen Wasserturm, der in ein Wohnhaus umgebaut wurde. Spazieren Sie zum Hus-Haus hinunter, einem puristischen Sakralbau der 1930er-Jahre, wo vom Zweiten Weltkrieg bis zur Befreiung der Tschechische Rundfunk untergebracht war; in der Dykova, Hradešínská und Na Šafránce stehen Prachtvillen wie etwa die Bildhauerwerkstatt von Ladislav Šaloun.

435 **BABA**
(Tramhaltestelle Nádraží Podbaba)

Auf einer felsigen Anhöhe hat sich in den 1930er-Jahren dieses einzigartige Villenviertel (Werkbundsiedlung) mit funktionalistischen Einfamilienhäusern etabliert. Namensgebend ist die romantische Ruine Baba an den Klippen. Beginnen Sie Ihren Rundgang in der Nad Paťankou und bestaunen Sie die lichte kubische Bauweise und die erhabenen Terrassen mit ihren spektakulären Ausblicken.

Die 5 schönsten Orte zum

BADEN UND CHILLEN IM SOMMER

436 **FREIBAD PETYNKA**
Otevřená 4
Střešovice ③
+420 235 094 068
koupalistepetynka.cz

Das zentralste Freibad in der Stadt, von hier aus kann man die Prager Burg sehen. Es hat eine Rutsche, einen Beachvolleyballplatz, Tischtennisplatten und ein Kinderbecken. Der Eintritt kostet pro Stunde 60 CZK, am Tag 160 CZK.

437 **STAUSEE HOSTIVAŘ**
K Jezeru
Hostivař
+420 777 609 859
hostivarskapreshrada.cz

Prags größter See, der bei Einheimischen ganzjährig sehr beliebt ist. Mit einem langen Sandstrand, vielen Grashügeln und Böschungen und einem FKK-Strand. Gut mit öffentlichen Verkehrsmitteln erreichbar. Man kann sich ein Ruderboot, ein Kajak oder Tretboot ausleihen oder einfach nur bei einem Cocktail chillen. Eintritt zwischen 20 und 90 CZK.

438 **BADEWEIHER PODLESÁK**
Uhříněves

Mitten im Naturschutzgebiet Říčanka liegt ein Weiher mit Badewiesen am Ufer. Zu beiden Seiten des Staudamms stehen jahrhundertalte Eichen, und es gibt einen Naturlehrpfad. 45 Gehminuten vom Bahnhof Uhříněves entfernt; an heißen Tagen sollte man daher besser mit dem Auto fahren.

439 BIOTOP RADOTÍN

K Lázním 9
Radotín
+420 774 485 998
biotopradotin.cz

Das erste chlorfreie Naturbad in Prag. Die Reinigungsmethode baut auf Wasserpflanzen und natürliche Ökosysteme. Die zwei nierenförmigen Seen (zum Baden bzw. zum Reinigen) wurden im Zuge der Brachflächensanierung geschaffen.

440 BADESEE KŘENEK

Ovčáry

Nach jahrzehntelangem Schotterabbau wurde der Křenek-Hügel zu einem herrlichen See mit von Kiefern umgegebenen Sandstränden. Wer einen Nervenkitzel sucht, sollte hier das Wasserskifahren ausprobieren. Der See liegt außerhalb Prags, man braucht also ein Auto, um dorthin zu kommen.

440 BADESEE KŘENEK

Die 5 besten Möglichkeiten,
FIT ZU WERDEN

441 **AM BEROUNKA ENTLANG RADELN**

Leihen Sie sich am Bahnhof Smíchov ein Fahrrad aus (pro Tag 150 CZK, Kaution 1000 CZK, zwei Idenditätsnachweise erforderlich), nehmen Sie einen beliebigen Zug nach Beroun und steigen Sie in Karlštejn aus, um durch das mäandernde Berounka-Tal zurückzuradeln.

442 **KLETTERHALLE MAMUT**
Bubenská 43
Holešovice ⑧
+420 233 371 481
stenaholesovice.cz

Eine der größten Kletteranlagen im Lande, mit fünf Hallen und 2600 Quadratmetern Gesamtfläche. Profis und (weniger) erfahrene Amateure können eine Wand finden, die ihrem Niveau entspricht (max. 12 Meter hoch). Kompletter Ausrüstungsverleih und natürlich Kletterkurse!

443 **LADRONKA**
Tomanova 1
Břevnov ③
+420 601 584 223
ladronka.com

Wohl die beste Inline-Skating-Strecke der Stadt auf einem Panoramaplateau und mit frischer Brise. Auf halbem Weg des insgesamt vier Kilometer langen Trails gibt es einen Verleih mit allen möglichen Rollschuhen, Rollern und Skateboards. Zwei Identitätsausweise und Kaution in bar erforderlich.

444 **VÝLETNÁ**
Letenské sady 32
Holešovice ⑧
+420 778 542 712
vyletna.info

Ein erfolgreiches Regenerationsprojekt dank ehrenamtlicher Gemeinschaftsanstrengung. Die preisgünstige Bar ist eine Einkommensquelle für den weiteren Ausbau. Hier gibt es Tennisplätze, eine Tischtennisplatte und einen Kicker. Gemütliches Flair. Unter der Obhut einer Gruppe von Kulturgut-Enthusiasten.

445 **VODÁCKÝ RÁJ**
Císařská louka 27
Smíchov ⑦
+420 257 215 439
vodackyraj.cz

Hier werden Kajaks, Kanus und Flöße (für bis zu 9 Personen) inklusive Zubehör ausgeliehen. In Prag kann man bis zur ersten Staustufe an der Jirásek-Brücke (Jiráskův most) rudern oder flussaufwärts so weit, wie man möchte. Auskunft zu den Wasserverhältnissen auf anderen Flüssen ist ebenfalls erhältlich.

443 **LADRONKA**

5 coole Orte für ein ABENTEUER

446 **PATERNOSTER IM PALACE YMCA**
Na Poříčí 12
Neustadt ①

Dieser alte, öffentlich zugängliche Aufzug aus offenen, sich langsam bewegenden Kabinen ist im ständigen Umlaufbetrieb. Sein sehr pathetischer Spitzname lautet »Todesaufzug«. Die meisten fragen sich, was am oberen oder unteren Wendepunkt passiert. Natürlich nichts Gefährliches, aber nach diesem Erlebnis kann man seine Freunde einweihen.

447 **PARTISANENSPIEL**
Husinecká 25
Žižkov ⑤
+420 777 312 356
breakoutprague.com

Die Tschechoslowakei in den 1950ern: Die Welt stand am Rande des Kalten Krieges. Sie haben 60 Minuten, um Schriftstücke zu finden, die vom Prager Widerstand in einem Atomschutzbunker versteckt wurden, ehe Ihnen die Geheimpolizei zuvorkommt. Ihr Erfolg (oder Scheitern?) wird sich dramatisch auf die politischen Entwicklungen im Ostblock auswirken ...

448 BOBBAHN PROSEK / BOBOVÁ DRÁHA PROSEK

Prosecká 34b
Vysočany
+420 284 840 520
bobovadraha.cz

Eine 800 Meter lange, stählerne Rodelbahn für mutige Kids und Erwachsene mit Spaß am Spiel. Die Geschwindigkeit kann durch die Bremse leicht gesteuert werden, man kann sie aber auch locker ignorieren und sich die Lunge aus der Kehle schreien. Zudem gibt es einen fünf Meter hohen Seilpark, einen kleineren für Kinder und ein Trampolin.

449 LASERGAME-ZENTRUM MERCURIA

Argentinská 38
Holešovice ⑧
+420 605 111 811
mercurialaser.cz

Kein Grund zur Sorge: In diesem dunklen Labyrinth eines alten Lagerhauses kann man sich keine Prellungen holen. Mit 400 Quadratmetern ist das Laserzentrum mit seinen zehn verschiedenen Spielmodi die größte »Kampfarena« der Stadt, wo man allein oder im Team Punkte sammeln und ein Getränk gewinnen kann.

450 FLUGSIMULATOR

Zborovská 47
Smíchov ⑦
+420 228 882 287
flyipilot.com

Hier hört man nicht die Durchsage »Hallo, hier spricht Ihr Flugkapitän«, denn hier sind Sie selbst der Pilot. Setzen Sie sich ins Cockpit eines Passagierjets A320, heben Sie in London ab und landen Sie in Hongkong, kämpfen Sie sich durch ein Unwetter oder meistern Sie einen Triebswerksausfall. Auch gegen Flugangst gibt's Sonderprogramme.

Die 5 besten Orte für ein
ROMANTISCHES DATE

451 **ROTWILD-BURGGRABEN**
Chotkova
Kleinseite ③

Folgen Sie der Hauptstraße bis zu einem Tor, dann überqueren Sie den Burggraben über eine Art schmales Gerüst. Genießen Sie das Dämmerlicht im Tunnel, stellen Sie sich das Rotwild vor, das hier einst herumstreifte und gehen Sie weiter zum Aussichtspunkt Masaryk, der einen herrlichen Blick auf die Burg abseits der Menschenmassen bietet.

452 **KLOSTERGARTEN BŘEVNOV**
Markétská 1
Břevnov ③

Die Studenten nebenan haben hier gern ihre romantischen Dates. Beginnen Sie bei den kleinen Teichen im vorderen Teil des Gartens. Gehen Sie dann durch das Kloster zur Orangerie mit ihren reizvollen Olivenbäumen und einer modernen Kunstgalerie (Do und So geöffnet).

453 **HAVLÍČEK-PARK**
Koperníkova
Vinohrady ④

Wenn Sie am oberen Ende der Straße in den Park gehen, kommen Sie zum Wasserfall und der künstlichen Grotte mit einem Neptunbrunnen davor. Nehmen Sie eine Flasche italienischen Wein mit, um so richtig *la dolce vita* zu genießen.

454 **SPIEGEL-IRRGARTEN / ZRCADLOVÉ BLUDIŠTĚ**

Petřínské sady
Kleinseite ③
+420 724 911 497
petrinska-rozhledna.cz

In einem burgähnlichen Gebäude nahe dem Petřín-Turm (vom Fluss bis zum Hügel genauso hoch wie der Eiffelturm) verbirgt sich ein Labyrinth aus geschnitzten Holzsäulen und Gängen, das 1891 zur Prager Jubiläumsmesse erbaut wurde. Im hintersten Teil mit seinen Zauberspiegeln können Sie den Humor Ihres Dating-Partners testen.

455 **SEMINARGARTEN**

Hellichova
Kleinseite ③

Die sonnigen Hänge des Petřín-Hügels wurden schon immer mit der Liebe in Verbindung gebracht – deren Symbol auch gerade hier steht: die Statue des größten tschechischen Dichters der Romantik, Karel Hynek Mácha. Der reizvollste Teil ist der Seminargarten, vor allem zur Kirschblüte im Frühling.

455 **SEMINARGARTEN**

5 *Ausflüge* AUSSERHALB PRAGS

456 SÁZAVA-PAZIFIK-EXPRESS / POSÁZAVSKÝ PACIFIK

Die reizvollen Flussschlingen der Sázava lassen sich am besten auf Schienen erkunden. Oft werden nostalgische Dampfzüge eingesetzt, aber eine normale Diesel-Lokomotive tut genauso ihren Dienst. Steigen Sie in Český Šternberk aus, um die Burg zu sehen, in Rataje (Holzknechtmuseum) oder in Sázava zum Baden im Fluss unterhalb des Klosters. Die Zugfahrt dauert anderthalb Stunden, in Čerčany muss man umsteigen.

457 TÁBOR

Einst hatte hier die hussitische Reformbewegung ihr Feldlager. Ein entzückendes Städtchen mit romantischen Gassen und Stadthäusern, mit Hussitenmuseum, unterirdischen Stollen und dem Kotnov-Turm, dem Rest einer Wehrburg. Wer hier übernachten will, sollte das Hotel Dvořák (www.dvoraktabor.cz) testen. Die Anreise per Bahn dauert 1 Stunde und 20 Minuten.

458 SCHLOSS KONOPIŠTĚ

Konopiště 1
Benešov
+420 317 721 366
zamek-konopiste.cz

Konopiště war die Residenz des passionierten Jägers Franz Ferdinand von Österreich-Este, dessen Ermordung in Sarajevo den Ersten Weltkrieg auslöste. Es ist nur ein zwei Kilometer langer Fußmarsch (meist durch den Schlosspark) ab dem schönen Bahnhof mit Kaisersalon, wo der Thronfolger seinen Onkel Kaiser Franz Joseph empfing. Die Zugfahrt nach Benešov dauert eine Stunde.

459 SCHLOSS DOBŘÍŠ

Náměstí Svobody 1
Dobříš
+420 318 521 240
zamekdobris.cz

Das Städtchen Dobříš ist sehr stolz auf sein Rokokoschloss, das einst vom Schriftstellerverband genutzt wurde. Es ist von einem wunderschönen französischen Garten und einem englischen Park mit Seen umgeben. Essen Sie im Restaurant U Tří statkářů zu Mittag oder übernachten Sie im Schlosshotel. Die Anreise mit dem Bus dauert nur 40 Minuten.

460 BÖHMISCHES PARADIES

Dieses märchenhafte Naturschutzgebiet mit bizarren Felsformationen, Aussichtspunkten und majestätischen, mitten in Nadelwäldern versteckten Schlössern, mutet wirklich paradiesisch an. Eine atemberaubend schöne Naturkulisse und ein idealer Campingplatz. Anspruchsvollere Reisende werden froh sein, dass das Château Hrubá Skála ein Luxushotel ist (www.hrubaskala.cz). Die Zugfahrt nach Turnov-Město dauert zwei Stunden.

40 WISSENSWERTE DINGE RUND UM PRAG

Die 5 coolsten

ARBEITSPLÄTZE FÜR FREELANCER

461 **NODE5**
Radlická 50
Smíchov ⑦
+420 776 140 985
node5.cz

Diese Werkshalle lockt eine Community mit Talenten (künftige Start-up-Gründer, Hacker und Technikfreaks), die eine Coworking-Revolution anstoßen wollen. Wenn Sie nach einem inspirierenden, andersartigen Ambiente suchen, buchen Sie gleich hier Ihr Desk inklusive Mentoring-Programm.

462 **OPERO**
Salvátorská 8
Altstadt ①
+420 777 167 376
opero.cz

Dieser Premium-Coworking-Space liegt in einem Innenhof nahe des Altstädter Rings, wo eine ehemalige Druckwerkstatt auf schonende Art renoviert wurde. Die eleganten, offen gestalteten Räume sind einfach toll!

463 **K10**
Koperníkova 10
Vinohrady ④
+420 775 898 761
k10.online

An einem Südhang von Vinohrady werden Sie diese prächtige Villa mit ihrem schönen Garten finden. Ob Sie es mit max. 50 Stunden pro Monat lässig angehen oder eher ein Workaholic sind – das Mitgliedsformular bietet jede Kategorie. Oder aber Sie mieten einen atemberaubenden Konferenzraum, um Ihre Gäste zu beeindrucken.

464 **PAPER HUB**
Dělnická 43
Holešovice ⑧
+420 774 670 783
paperhub.cz

Eine Oase für Krypto-Anarchisten im ersten Stock über dem Café Parallel Polis. Wenn Sie bei einem Probetag zum Nulltarif Feuer fangen, werden Sie um Mitgliedsgebühren in Bitcoin-Währung gebeten. Hier darf man eine sichere Internetverbindung erwarten sowie Hightech-Büroausstattung und ein Gratis-Ticket für den Hacker-Kongress, der hier regelmäßig stattfindet.

465 **FORBIDDEN SPOT**
Bubenská 1
Bubny ⑧
+420 731 910 446
forbiddenspot.com

Klingeln Sie an der Tür, um in die Welt der *Life-is-Porno*-Kreationen (Galerie und Atelier) einzutreten. Alles ist bunt bemalt und voller Graffiti. Weiter geht es in eine Großraumbüro-Lounge mit Hängematten, Wasserbett und Naschbar.

463 **K10**

5 *clevere*

TIPPS ZUM SPAREN

466 FLUGHAFENTRANSFER

Wie anderswo krallen sich Flughafentaxis auch in Prag ihre Kundschaft. Versuchen Sie, dem zu widerstehen und wählen Sie lieber eine der einfachen, schnellen und günstigen Möglichkeiten, von/zum Flughafen zu kommen. Der Bus 119 in Verbindung mit der grünen Metrolinie (A) bringt Sie für 32 CZK in die Innenstadt. Wer ohne Umsteigen direkt in die City fahren will, schnappt sich den Airport Express-Bus zum Hauptbahnhof (60 CZK).

467 GELDWECHSEL

Kaprova 13
Altstadt ①
+420 200 700 890
exchange.cz

Um Geldwechselbetrug zu vermeiden, überlegen Sie es sich vorher gut, wo Sie Ihr Geld tauschen; achten Sie dabei vor allem auf Gebühren und Wechselkurse. Faire Wechselstuben wie Exchange arbeiten provisionsfrei und geben Ihnen für 1 Euro mindestens 25 CZK. Prüfen Sie vor Ihrer Reise die aktuellen Wechselkurse auf der Website der Tschechischen Nationalbank (www.cnb.cz).

468 WEINE VOM FASS

Für einen guten mährischen Wein brauchen Sie kein Vermögen auszugeben, denn die meisten Vinotékas verkaufen Ihnen eine vom Fass abgefüllte Flasche Wein. Ein Liter anständiger Tafelwein kommt auf 2 bis 3 Euro. Ein paar zuverlässige Weinhändler sind: Víno z Podskalí (Podskalská 13, Neustadt) oder Koštovna u Počtů (Milady Horákové 47, Holešovice).

469 KOSTENLOSE KLASSIK-KONZERTE

Malostranské náměstí 13
Kleinseite ③
+420 234 244 111
hamu.cz

Fast täglich findet in der HAMU (Musik- und Tanzfakultät der Akademie der Darstellenden Künste) ein öffentliches Abschlusskonzert statt. Die Aufführungen beginnen meist um ca. 19.30 Uhr; um auf Nummer sicher zu gehen, sollte man aber draußen vor dem Tor einen kurzen Blick aufs Programm werfen; dann durchgehen und den Pfeilen und dem Klang eines Waldhorns oder Klaviers folgen. Der Eintritt ist frei.

470 WASSER

Das Prager Leitungswasser hat höchste Trinkqualität. Allein im Zentrum gibt es ca. 20 öffentliche Trinkwasserbrunnen. Wer in einem Restaurant Leitungswasser bestellt, wird für eine große Karaffe ein kleines Entgelt zahlen, doch ist das immer noch viel günstiger als eine Flasche Mineralwasser.

Die 5 nützlichsten WEBSITES UND APPS

471 **ÖFFENTLICHER NAHVERKEHR**
idos.cz
Jízdní řády IDOS (app)

Müssen Sie Ihren Fahrplan checken? Diese Verbund-Website (Zug, Tram oder Fähre) enthält auf einer benutzerfreundlichen Plattform alle erforderlichen Informationen (in Englisch und Deutsch), meist auch mit Tarifangabe. Öffentliche Verkehrsmittel sind effiziente und günstige Möglichkeiten, vor Ort unterwegs zu sein, und bieten auch jede Menge Gelegenheiten, Einheimische in ihrem Alltagsleben zu beobachten.

472 **TAXI »BLAUER ENGEL«**
Modrý anděl (app)

Wer lieber mit dem Taxi fährt, sollte möglichst keines an der Straße herbeiwinken, denn damit steigt auch das Betrugsrisiko. Mit der Bestell-App erhalten Sie vorab eine Preisschätzung und eine Routenempfehlung, die Sie dem Fahrer zeigen können. Man kann auch mit einem Kreditkarten-Terminal einen Wagen anfordern.

473 GO OUT

goout.net

Diese Website (auch als App erhältlich) verfolgt sämtliche interessante Kulturevents, die in der Hauptstadt stattfinden. Recherchieren Sie die Termine, Spielorte bzw. Künstler ganz nach persönlichem Interesse. Zu guter Letzt erscheinen dort inspirierende Online-Beiträge zu verschiedenen Stadtteilen mit jeder Menge nützlicher Tipps für Entdeckungen.

474 OFFLINE-KARTEN

mapy.cz

Um sich Roaming-Gebühren oder mobile Daten zu sparen (und eine saftige Handyrechnung zu vermeiden), laden Sie die Offline-Karte der Tschechischen Republik herunter. Das ganze Datenpaket ist nur ein Gigabyte groß, liefert jedoch genügend Details rund um die Stadt, aber auch zu Wanderungen auf dem Land oder in den Bergen.

475 TSCHECHISCHER TOURISMUSVEREIN

trasy.kct.cz

Die Tschechen haben eine lange Fahrradtradition. Eine Möglichkeit ist es, an irgendeiner Bahnstation auszusteigen und einfach einer ausgeschilderten Route bis zur nächsten Einstiegsmöglichkeit zu folgen. Sie wollen lieber vorausplanen? Gestalten Sie mithilfe des Online-Routenplaners Ihre individuelle Radtour und stellen Sie dabei sicher, dass Sie unterwegs nichts Interessantes verpassen.

5 wichtige

DATEN DER NEUEREN GESCHICHTE

476 **16. MAI 1868**

An diesem Tag wurde der Grundstein für das Nationaltheater gelegt, ein wichtiger Moment im kulturellen Befreiungsprozess Tschechiens bei der Loslösung aus dem deutschsprachigen Habsburgerreich. Die Bauzeit des Projekts, das größtenteils durch öffentliche Gelder finanziert wurde, dauerte drei Jahre. Vier Monate später brannte das Theater ab.

477 **28. OKTOBER 1918**

Nach mehreren Föderalisierungsanstrengungen und langen Verhandlungen im Ersten Weltkrieg einigten sich die Siegermächte auf die Gründung einer neuen Tschechoslowakischen Republik. An diesem Tag wurde in Prag die Unabhängigkeitserklärung unterzeichnet – mit Tomáš Garrigue Masaryk als erstem Staatspräsidenten des neuen Landes.

478 **20. AUGUST 1968**

In einer lauen Sommernacht durchbrachen die Truppen des Warschauer Pakts die Grenzen der Tschechoslowakischen Republik. Diese Invasion setzte den Liberalisierungsreformen von Alexander Dubček ein Ende und konsolidierte die Sowjetmacht. Bald darauf flüchteten zigtausende Bürger.

479 **17. NOVEMBER 1989**

In jenem Jahr versammelten sich Tausende von Menschen, um den Internationalen Studententag zu feiern. Nach der Niederschlagung des friedlichen Aufmarsches verbreitete sich ein Gerücht, wonach die Polizei einen jungen Medizinstudenten erschossen haben sollte. Dies löste in der Bevölkerung Empörung aus. Jeden Tag schlossen sich mehr und mehr Menschen dem Protest an, bis die Regierung kollabierte und damit den Fall des Eisernen Vorhangs besiegelte.

480 **AUGUST 2002**

Der Dauerregen im Sommer 2002 verursachte massives Hochwasser in der Tschechischen Republik. Die Hauptstadt wurde schwer betroffen, die Wasserführung der Moldau lag durchschnittlich um das 100-fache höher. Die Prager Metro, der Zoo und der Stadtteil Karlín waren überflutet und zwangen das Land zur Hochwasserprävention, die seinerzeit fehlte.

5 *Wohnorte* BERÜHMTER MENSCHEN

481 **ALBERT EINSTEIN**
Lesnická 7
Smíchov ⑦

Die Einsteins verbrachten nur 18 Monate in diesem Haus am Fluss. 1911 war Smíchov ein brandneues Viertel (nur 15 Fahrminuten von der Universität entfernt), wo der große Physiker an seiner Relativitätstheorie arbeitete. Prag schien ihm die dringend erforderliche Konzentration auf seine wissenschaftliche Forschung ermöglicht zu haben. Seinem Eheleben aber hat es eher geschadet.

482 **JOHANNES KEPLER**
Karlova 4
Altstadt ①

Dieser kleine Abstecher sorgt für eine willkommene Rückzugsmöglichkeit von den Menschenmassen. Zweigen Sie an der Karlova Nr. 4 in den Innenhof ab, um Renaissance-Arkaden und ein kleines Museum zu entdecken, das seinem berühmten Bewohner gewidmet ist. Kepler wohnte hier Anfang des 17. Jahrhunderts. In nur 30 Minuten und für 2 Euro werden Sie an die Entdeckungen des berühmten Astronomen erinnert.

483 **W. A. MOZART**
Vila Bertramka
Mozartova 169
Smíchov ⑦

Dieser ehemalige, von Wäldern umgebene Gutshof gehörte der Familie Dušek, die regelmäßig Mozart empfing, wenn er sich in Prag aufhielt. Hier soll er 1787 seine berühmteste Oper, *Don Giovanni,* beendet haben.

484 **VÁCLAV HAVEL**
Rašínovo nábřeží 78
Neustadt ②

Neben dem Tanzenden Haus steht ein Gebäude, das Havels Urgroßvater gebaut hatte. Mit seinen großen Fenstern und großzügigen Loggien war es eindeutig von Pariser Architektur geprägt. Václav wurde im 4. Stock geboren und verbrachte die meiste Zeit seines Lebens hier (auch noch als Staatspräsident). Es gibt Hinweise, dass ihn die Geheimpolizei vom nahe gelegenen Šítkovská-Turm aus bespitzelte.

485 **ALFONS MUCHA**
Thunovská 25
Kleinseite ③

Die Wohnung dieses berühmten tschechischen Malers, Grafikers und aktiven Freimaurers lag gleich unterhalb der Burgtreppe. Er wohnte dort von 1911 bis 1923 und fuhr regelmäßig zur Burg Zbiroh, wo sein wichtigstes Gemälde – *Das Slawische Epos* – entstand. Dieser Zyklus aus 20 großen Leinwandbildern schildert die Mythologie und Geschichte der Tschechen.

5 *sehenswerte*
METROSTATIONEN

486 **FLORENC**
METRO C

In der Südhalle der roten Metrolinie erinnert ein sieben Meter langes Mosaik an die Schlacht um Sokolovo, bei der 1943 ein tschechoslowakische Freiwilligenbataillon auf sowjetischer Seite gegen Hitlers Wehrmacht kämpfte. Ein tschechisch-italienisches Duo aus der Akademie der Bildenden Künste sammelte dafür bunte Steinchen aus allen Landesteilen. Es ist das allererste Kunstwerk in der Prager Metro.

487 **MALOSTRANSKÁ**
METRO A

Die Metrostation ist von Touristen stark frequentiert, jedoch übersehen die meisten Menschen die dort aufgestellten Skulpturen. Es sind allesamt Kopien von Mathias Brauns allegorischem Zyklus der *12 Tugenden und 12 Laster*. Die erste Figur steht oben an den Rolltreppen: Die junge Frau, die gen Himmel schauend um Erlösung fleht und einen Anker hält, stellt die Hoffnung dar. Weitere Skulpturen stehen in der Grünanlage.

488 **ANDĚL**
METRO B

Im Sperrengeschoss der südlichen Rolltreppe fällt eine rosarote Marmorwand ins Auge. Ein Fliederzweig, das sowjetische Friedens- und Partnerschaftssymbol, verbindet zwei Wörter: Moskva – Praha. Der ehemals »Moskevská« genannte U-Bahnhof wurde mit einer Metrostation in der russischen Hauptstadt verschwistert. Ihr Pendant, die Prazhskaya, ist immer noch in der südlichen Peripherie Moskaus zu finden.

489 **VLTAVSKÁ**
METRO C

Metrotunnel im Flussbett zu graben, war 1984 eine ziemlich große technische Meisterleistung; daher wurde außen durch eine Brunnenplastik ein Wasserlauf allegorisch dargestellt. Heute haben *Faun und Moldau* an Glanz verloren. Von der acht Meter hohen realen Moldau-Kaskade aber waren die Fahrgäste immer schon begeistert.

490 **MŮSTEK**
METRO B

Ein Wandmosaik ziert die Halle, die zum Jungmannplatz (Jungmannovo náměstí) führt. Es stellt einen Spaziergang durch Prag dar, auf dem man – auf einer fiktiven Route vom Nationalmuseum bis zum Nationaltheater und über die Karlsbrücke – Schriftsteller und Liebende antrifft. Das Prager Wappen lässt dabei keinen Zweifel, um welche Stadt es sich handelt.

5 bekannte
FILM-DREHORTE

491 **KIRCHE DES HL. JILLICH**
AMADEUS, 1984
Husova 8
Altstadt ①

Der mit einem Oscar ausgezeichnete US-Regisseur Miloš Forman, ein gebürtiger Tscheche, wählte diese Barockkirche als Drehort für Mozarts Hochzeit in seinem Film *Amadeus* (1984). In dieser Filmbiografie über das Musikgenie (Mozart wurde darin als »verwöhnter, eingebildeter Balg ohne Prinzipien« dargestellt) bot der prächtig vergoldete Altar eine fantastische Kulisse.

492 **STRASSENKREUZUNG CHOTKOVA-BADENIHO**
ANTHROPOID, 2016
Kleinseite ③

Der Film basiert auf der wahren Geschichte einer Widerstandsaktion im Zweiten Weltkrieg mit dem Ziel, Reinhard Heydrich zu ermorden, einen der Hauptverantwortlichen des Holocaust und »Reichsprotektor« im »Protektorat Böhmen und Mähren«. Diese Straßenkreuzung ist nicht der Originalschauplatz des Attentats vom 27. Mai 1942, erschien aber aufgrund der gut erhaltenen historischen Umgebung als Filmkulisse geeigneter.

493 **DONAUHAUS**
CASINO ROYALE, 2006
Rohanské nábřeží 2
Karlín ⑥

Die Eröffnungsszene in Schwarz-Weiß wurde in diesem Hochhaus gedreht. James Bond bricht in Drydens Büro ein, um festzustellen, dass es »beträchtlich« einfacher ist, ein weiteres Mal zu töten. Eine Aktion, mit der er eine »Lizenz zum Töten« und seinen Status als 00-Agent erwirbt.

494 **ZOOLOGISCHER GARTEN**
DIE FRAU DES ZOO-DIREKTORS, 2017
U Trojského zámku 3
Troja ⑩⑧

Vermeintlich spielt der Film in Polen, doch wurde diese wahre Geschichte fast komplett im und um den Prager Zoo inklusive Ausstellungsareal gedreht. Die Filmstars waren Jessica Chastain sowie Tamara und Janita, zwei Elefantendamen aus Sri Lanka. Erzählt wird die Geschichte der Frau des Zoodirektors, die den Mut hatte, im Zweiten Weltkrieg jüdische Flüchtlinge zu verstecken.

495 **VINOHRADY-THEATER**
THE ILLUSIONIST – NICHTS IST WIE ES SCHEINT, 2006
Náměstí Míru 7
Vinohrady ④

Hier, vor der Neorenaissance-Fassade am Náměstí Míru in Vinohrady, inszenierte Edward Norton als Eisenheim eine Zaubershow mit Geisterbeschwörung. Hat seine Vorstellung wirklich Geheimnisse entschlüsselt und Naturgesetze außer Kraft gesetzt oder war es nur eine Illusion?

5 liebenswerte
DETAILS ZU PRAG

496 **GASLATERNEN**

An drei Plätzen (Dražického, Hradčanské und Loreto) sind noch drei Überbleibsel der Straßenbeleuchtung aus der Zeit vor der Elektrifizierung zu finden. Diese reizvollen gusseisernen Lampen machen ein grünliches Licht und summen leise vor sich hin. Früher wurden sie mit einer langen Hakenstange an- und ausgemacht.

497 **CABRIO AUF SCHIENEN**
facebook.com/mazacitramvaj

In jedem Teil der Stadt ist ein roter Oldtimer-Tramwagen mit einem M drauf zu sehen, der die Gleise ölt. Im Winter ist er mit einem Schneepflug ausgerüstet und weihnachtlich dekoriert. Neben einer Facebookseite hat er auch eine Webkamera, die das Ganze in Echtzeit filmt.

498 **HAUSNUMMERN-SYSTEM**

Die doppelte Beschilderung in Rot und Blau kann sehr verwirrend sein. Die längere (rote) Nummer ist die sogenannte Konskriptionsnummer (für jeden Stadtbezirk), das kürzere (blaue) Schild die Hausnummer bzw. Orientierungsnummer für jede Straße und jeden Platz (wie sie in diesem Reiseführer verwendet werden).

499 STRASSENKLAVIERE FÜR ALLE

piananaulici.cz

Im Sommer 2013 wurden im Rahmen einer Bürgerinitiative die ersten fünf Klaviere in den Straßen von Prag aufgestellt. Ziel war es, Menschen im öffentlichen Raum zu einer Pause, zum Spielen, Lauschen oder Interagieren einzuladen. Bald kamen Schachbretter hinzu. Das Projekt weitete sich inzwischen auf 50 weitere tschechische Städte aus.

500 NA OVOCE

na-ovoce.cz

Da Stadtbewohner eher von der Natur getrennt leben, wurde diese Initiative angestoßen, die die Prager Obstgärten bekannt machen und den Menschen den Jahreszeitenwechsel näher bringen will. Eine Karte zeigt die Plätze, wo man Obst und Kräuter sammeln kann – Ihre eigenen Tipps sind stets willkommen!

499 STRASSENKLAVIER

REGISTER